뉴스 다이어트

Die Kunst des digitalen Lebens

Wie Sie die informationsflut meistern und klarer denken
by Rolf Dobelli

뉴스 다이어트

뉴스 중독의 시대, 올바른 뉴스 소비법

롤프 도벨리 지음 | **장윤경** 옮김

차례

3부

뉴스 중독이 위험한 이유

4부

뉴스 중독자를 위한 최후의 반론

5부

뉴스 없이 풍요로운 일상을 만드는 법

프롤로그

2013년 4월 12일, 나는 영국의 일간지 〈가디언〉 편집부의 초대를 받아 책을 소개하는 자리에 참석했다. 그곳에는 약 50명의 저널리스트가 모여 내가 얘기를 시작하기를 기다리고 있었다. 세계적인 신문 〈가디언〉을 통해 최고의 지식인들이 모인 자리에 초대된다는 건 굉장한 영광이자 특권이었다. 더불어 인지과학 분야에 관한 나의 연구를 모두에게 선보일 기회였다. 나는 누군가 내 책에 관한 기사를 쓸지도 모른다고 기대했다.

〈가디언〉의 편집국장 앨런 러스브리저가 목을 가다듬고 내 소개를 간략하게 했다. 소개를 마친 그는 무미건조한 말투로 이렇게 말했다. "조금 전에 작가님의 웹사이트를 둘러보다가 아주 대담한 글을 발견했거든요, 새로 나온 책 이야기 말고, 그 글에 관해 이야기하면 어떨까요?"

예상하지 못한 상황에 나는 당황했다. 당시 내 생각은 온통 새

책에 관한 소개에 쏠려 있었다. 신간 《스마트한 생각들》이 얼마나 흥미로운지 기자들이 쉽게 이해할 수 있도록 준비한 문장을 외우던 나는 그 말을 듣는 순간 얼어버렸다.

편집국장 러스브리저가 내 웹사이트에서 찾아냈다는 글은 '뉴스'의 소비에 반대하는 칼럼이었다. 내 앞에 모인 기자들이 날마다 생산하는 뉴스에 대한 비판과 뉴스를 끊어야 하는 논거를 줄줄이 펴고 있었다.

나는 조심스럽지만 날카롭게 주장을 펼치기 시작했다. 전문가들이 생산하고 대중이 사랑하는 산물인 뉴스를 끊어야 하는 이유를 언론인들 앞에서 성토하고 만 것이다. 조금 전만 해도 나에게 호의적이었던 사람들이 순간 적이 돼 나를 포위하는 기분이 들었다. 나는 십자포화처럼 쏟아지는 그들의 시선을 견디며, 가능한 한 침착함을 유지하려 했다. 20여 분 동안 내 주장을 얘기하고 다음과 같이 말을 마쳤다. "우리 좀 솔직해집시다. 대중과 원활하게 의사소통하고 유익함을 주는 게 여러분이 하는 일 아닙니까."

장내는 고요했다. 바늘 떨어지는 소리가 들릴 정도로 정적이 감돌았다. 러스브리저는 두 눈을 꼭 감았다 뜨며 주변을 둘러보고는 말을 꺼냈다. "작가님 주장이 담긴 책을 출간하고 싶네요. 오늘이라도 당장." 그러고는 몸을 돌려 아무 인사도 없이 행사장을 빠져나갔다. 이어서 다른 기자들도 그를 뒤따라 나갔다. 아무도 나를 바라보지 않았고, 누구도 나와 말을 섞지 않았다.

그리고 네 시간 뒤, 내 글의 요약본이 〈가디언〉의 웹사이트에 올라왔고, 450개의 댓글이 달렸다. 450개는 사이트가 기술적으로 수용할 수 있는 최대치였다. "뉴스는 당신에게 해롭다"라는 제목의 기사는 역설적이게도 그해에 가장 많이 읽힌 기사로 꼽혔다.

지금 당신이 들고 있는 이 책은 바로 그 '대담한' 칼럼에 토대했다. 물론 그 글보다 훨씬 많은 내용을 담고 있다. 보다 많은 연구 결과를 토대로 뉴스 소비에 반대하는 보다 다양한 이유와 뉴스가 우리에게 가하는 수많은 영향력, 그리고 우리가 뉴스 중독일 때 경험하는 현상과 이를 극복하는 방법들까지.

뉴스의 디지털화로 인간의 '건전한 상식'이 위험에 처했다. 이 위험에서 벗어나려면 뉴스 소비를 제한해야 한다. 당신은 뉴스를 끊으면 생길 불이익을 걱정하겠지만 그런 일은 없을 것이다. 오히려 그 반대다. 뉴스 끊기를 통해 더 많은 시간이 생길 것이고, 새로운 시선으로 세상을 바라보게 될 것이다. 뉴스와의 단절은 우리를 더욱 행복하고 풍요롭게 만들어줄 것이다.

내가 뉴스 중독에서 자유로워지기까지는 상당한 시간과 의지가 필요했다. 그리고 일종의 실험 정신까지도. 무엇보다 나는 다음 질문의 답을 찾고 싶었다. 뉴스란 무엇일까? 무엇이 우리를 뉴스로부터 벗어날 수 없게 만들까? 뉴스를 소비할 때 뇌에서는 무슨 일이 일어날까? 오늘날 수많은 정보를 이토록 손쉽게 얻을 수 있는데도 우리가 실제로 아는 것은 왜 이렇게 적을까?

극단적으로 뉴스와 이별한 뒤 내가 견뎌야 하는 괴로움은 몇 배로 늘어났다. 내 친구들의 상당수가 저널리스트이기 때문이다. 그들은 지적이고 높은 수준의 교육을 받은 사람들이었고, 도덕적인 이유로 저널리스트라는 직업을 선택했다. 즉 세상을 보다 정의롭게 만들고, 막강한 권력자들을 감시하기 위해 저널리스트가 된 것이다. 하지만 불행히도 이들은 언론이라는 거대한 산업에 사로잡혀, 제대로 된 저널리즘을 더 이상 실현하지 못하고 있다. 뉴스를 능수능란하게 다루는 기술은 이제 아무런 의미가 없다.

지금 나는 '깨끗한' 상태다. 2010년부터 뉴스를 접하지 않으며 살고 있다. 더 이상 일간지를 읽지 않으며, 〈타게스샤우Tagesschau〉를 보지도 않고, 라디오에서 흘러나오는 오늘의 소식도 듣지 않는다. 그리고 온라인 뉴스들이 일상 속으로 침투하지 못하도록 철저히 멀리하고 있다. 이러한 일상은 뉴스에서 벗어나기로 했을 때부터 나만의 인생철학이 되어 굳건히 자리 잡았다. 뉴스로부터 해방된 이 자유가 가져온 효과는 몸소 느낄 정도로 뚜렷하다. 삶의 질이 높아졌고, 신경과민은 낮아졌으며, 명료한 사고를 할 수 있게 됐다. 통찰력을 얻었고, 더 많아진 시간과 함께 더 나은 결정을 내릴 수 있게 되었다.

내가 경험한 일들을 독자 여러분에게도 진심으로 권하고 싶다. 양심에 손을 얹고 맹세하건대, 뉴스를 끊는다고 해서 불이익을 당하거나 부정적인 결과를 초래하는 일은 결코 없을 것이다. 오히려 여러분은 더 나은 결정을 내리고 한층 더 나은 삶을 누리게 될 것이다. 그리고 무엇보다, 뭔가 중요한 것을 놓치는 일은 절대 없을 것이다. 그러니 부디 나를 믿고 따라오기를 바란다.

롤프 도벨리

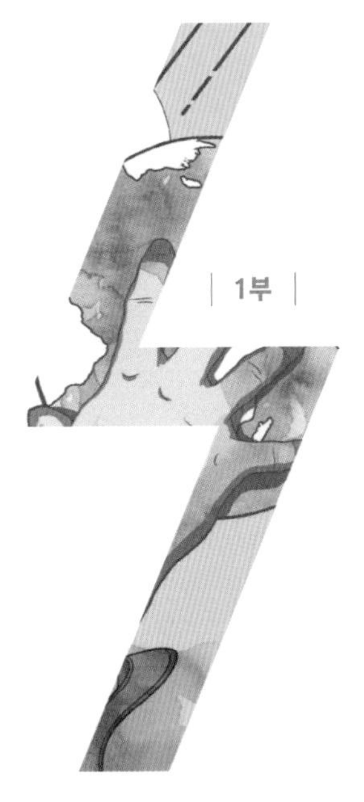

뉴스를 끊다

뉴스 범람의 시대

뉴스란 무엇일까? 가장 간단하게 정의하면, '전 세계에서 건너온 짧은 소식들'이라고 할 수 있다. 오스트레일리아의 버스 사고. 과테말라의 지진. A국가 대통령과 B국가 대통령의 만남. 배우 C와 D의 결별. 이탈리아의 정부 조직 개편. 북한의 로켓 발사. 기존의 모든 기록을 깨트린 애플리케이션. 살아 있는 벌레 5킬로그램을 먹어 치운 텍사스 출신의 남성. 최고경영자를 해고한 어느 다국적 기업. 정치인이 날린 트위터 문구. 새로 선출된 유엔 사무총장. 자신의 할머니를 찔러 죽인 남성. 노벨상 후보자 명단. 평화조약. 잠수부의 다리를 물어뜯은 상어. 중국의 새 항공모함 건조. 뇌물 스캔들. 유럽중앙은행EZB의 경기 불황 경고. G7, G8, G20, G87, G123의 정상 회담. 아르헨티나의 지불 불능 위기. 불법행위로 감옥에 들어간 기업가. 한 정권의 퇴각. 쿠데타. 선박 침몰 사고. 다

우존스 지수의 증가.

언론 매체들은 이러한 짧은 소식들에 '뉴스 속보'나 '세계 주요 머리기사'라는 거창한 이름을 달아 보도하곤 한다. 하지만 이런 소식들은 당신의 사적 세계와 무관하다. 개인의 영역을 건드리지 않으며 아무런 변화도 가져오지 않는다. 물론 전 세계에서 벌어진 소식을 통해 일말의 위로를 받을 수는 있다. 속보가 많을수록 나와 상관없고 무의미한 일들이 늘어나는 것이므로.

뉴스는 약 350년 전에 처음 세상에 등장했다. 책과 비교하면 최근에 발명된 매체다. 1650년 라이프치히에서 일간신문 〈아인콤멘데 차이퉁Einkommende Zeitung〉이 나온 뒤 수십여 년 만에 수백 개에 달하는 일간지가 유럽 전역에 생겨났다. 그로 인해 세상에서 벌어지는 온갖 소식이 이른바 '장사의 수단'이 되었다. 발행인들은 독자의 흥미와 관심을 부추겨 신문을 구매하도록 만드는 모든 것을 '보도할 가치가 있다'라고 칭하기 시작했다. 보도하는 소식이 독자에게 중요하든 중요하지 않든, 문제는 신문이 팔리는 데 기여하느냐였다. 뉴스의 근간에 자리한 뿌리 깊은 문제는 오늘날에도 전혀 달라지지 않았다. 과거에나 지금이나 '새로운 소식'은 중대하게 여겨지며 높은 값에 팔린다. 시간이 흐르고 매체가 다양해졌지만 뉴스에 관한 지배적인 전형은 변하지 않았다. 뉴스 고유의 기

만은 종이 신문과 온라인, 소셜 미디어, 라디오, 텔레비전을 가리지 않고 있으며, '새로움'을 중대함으로 여기며 높이 기리는 태도는 더 격렬하고 뻔뻔한 방식으로 고조되고 있다.

지난 20년 동안 인터넷과 스마트폰의 발달로 뉴스 중독은 가히 광적이라 할 정도로 위험한 수준에 도달했다. 이제 우리는 좀처럼 뉴스로부터 도망칠 수가 없다. 지금이라도 늦지 않았다. 아니, 어쩌면 지금이 적기일지도 모르겠다. 바로 지금이 우리가 처해 있는 '뉴스의 범람'에 대해 깊이 생각하고 스스로를 되돌아볼 시기다. 뉴스 소비가 우리에게 미치는 영향을 제대로 파악하고, 뉴스 중독에서 벗어나기 위한 디톡스 치료에 들어가야 할 때가 온 것이다.

짧은 뉴스에 맞설 프로그램으로 호흡이 긴 글이나 방송이 있다. 예를 들면 긴 글로 이루어진 신문이나 잡지 기사, 평론, 특집 기사, 르포르타주, 다큐멘터리 방송, 책과 같은 매체다. 이들은 대부분 단편적인 정보가 아닌 가치 있는 내용으로 채워져 있어 새로운 지식과 정보를 얻는 데 유용하지만 그럼에도 조심해야 한다. 길다고 해서 그 내용이 모두 중대하고 의미 있다고 판단해서는 안 된다. 매체를 통해 발행되고 방송된다는 것은 광고를 통한 재정 지원을 받고 있다는 의미다. 광고 지원을 받는 매체는 무엇을 다루든 위험 요소가 도사리고 있다.

나는 매번 장문의 기사를 접할 때마다 읽을 가치가 있는지 여부를 판단하느라 골머리를 앓고 싶지 않아서, (온라인이든 오프라인이든) 모든 종류의 신문 읽기를 포기했다. 라디오나 텔레비전 뉴스도 크게 다르지 않다. 긴 구성으로 그럴듯하게 포장된 글이나 방송 중 다수가 허울뿐인 짧은 소식들을 엮은 덩어리에 불과하므로 큰 의미를 부여할 필요는 없다. 다른 말로 표현하면, 장문의 기사나 특집 프로그램들도 뉴스처럼 오염돼 있다. 오염된 물은 마시고 싶지 않았던 나는 극단적인 길 외에 선택의 여지가 없었다. 다음 장에서는 이미 오염되고 독성있는 뉴스로부터 자유로워질 수 있는 길을 자세히 이야기할 예정이다.

의심의 여지 없이 명백한 사실이 하나 있다. 매일같이 날아오는 뉴스는 쓸모가 없을 뿐 아니라 심지어 매우 유해하다는 것이다. 지난 수십여 년을 통해 우리는 뉴스가 유발하는 수많은 위험을 깨닫게 되었다. 틈틈이 던져지는 사료처럼, 단타로 쏟아지는 뉴스를 그동안 우리는 그저 무의식적으로 받아먹었다. 하지만 이런 뉴스들은 영양이 불균형한 데다 인슐린 저항성을 높이고 과체중을 유발하며, 우리를 피로와 염증에 취약하게 만든다. 오늘날 우리는 설탕을 비롯한 여러 단순당의 유혹에 둘러싸여 있다. 그러나 우리는 단순당이 미치는 악영향을 잘 알고 있으며, 가능하면 그 유혹을 뿌리쳐야 한다는 것도 잘 알고 있다. 설탕과 패스트푸드의 위험성이 거론되기 시작한 지도 20년이 넘었다. 20년 전만 해도 다량의 설탕이 인체에 유해하다는 사실은 무척이나 낯설었지만 지금 우리는 설탕의 실체를 분명히 알고 있다.

오늘날 우리가 뉴스를 대하는 태도는 20년 전 설탕을 대하던 태도와 비슷하다. 당시 설탕의 위험성을 제대로 알지 못하고 섭취했던 것처럼, 지금 우리는 뉴스에 깊이 빠져 얼마나 해로운지도 모른 채 살고 있다. 우리 몸에 들어온 설탕처럼, 뉴스는 우리의 마음과 정신에 악영향을 미친다. 매체가 던져주는 뉴스는 우리에게 한 입 거리의 사소하고 얄팍한 이야기에 불과하다. 그들이 던진 달콤한 한 입은 지식에 허기진 우리의 욕구를 결코 충족시키지 못한다. 철저한 조사를 바탕으로 작성된 장문의 기사나 깊이 있는 서적과 달리, 짧고 가벼운 뉴스의 소비는 우리에게 그 어떤 포만감도 주지 못한다. 깊이 없는 뉴스를 중독자처럼 먹어치운 부작용은 설탕, 술, 패스트푸드, 담배의 부작용과 유사하다. 제일 먼저 신체적 · 정신적 기능이 저하한다.

건강한 영양 섭취는 우리 몸에 굉장히 중요하다. 마찬가지로 정신적으로 건강한 영양 섭취 또한 필수적이다. '뉴스 끊기'를 위한 일종의 선언문인 이 책은 날마다 뉴스 무제한 뷔페에 빠져 있는 현대인들을 위한 '대항 프로그램'이기도 하다. 이 책을 끝까지 읽으면, 아마도 당신은 스스로 행복하다 여길 것이다. 시도 때도 없이 던져지는 영양가 없는 뉴스 사료를 소비하며 집중력을 잃어버린 뉴스 중독에서 벗어나게 될 테니 말이다. 부디 포기하지 말고 끝까지 버티기를 바란다. 원래 금단 치료는 괴롭고 혹독하다. 그럼에도 할 만한 가치가 있다.

뉴스 중독자의 모임

NEWS

"안녕하세요. 제 이름은 롤프고요, 뉴스 중독자예요." 알코올 의존증 환자들의 모임처럼 뉴스 중독자들의 치유 모임이 있다면, 아마도 이렇게 인사를 건네며 사람들이 나를 이해해주길 바랄 것이다. 내가 '뉴스 중독'에서 벗어나려 애쓴 지도 벌써 10년이 넘어간다.

시작은 지극히 평범했다. 나는 관습적으로 뉴스를 소비하는 여유롭고 안정적인 중산층 가정에서 태어나고 자랐다. 1970년대에 어린 시절을 보낸 독자라면 이 장면이 그리 낯설지 않을 것이다. 아침이면, 배달원이 우체통에 신문을 꽂아 넣는 소리가 들렸다. 그러면 어머니는 대문을 빼꼼히 열고, 능숙하게 손을 움직여 우체통에서 신문을 쏙 잡아뺐다. 그저 손만 뻗으면 되었기에 문 밖으로 한 발자국도 내딛을 필요가 없었다. 어머니는 주방으로 들어오며 신문을 두 부로 나누었다. 한 부는 아버지 자리에 올려 놓고 다른 한 부는 어머니가 가져갔다. (아버지가 읽을 면은 어머니가 정했다.) 가족 모두가 아침 식사를 즐기는 동안 부모님은 식탁에서 신문을 뒤적이며 훑어보았고, 다 읽은 면을 서로 주고받으며 계속해서 신문을 넘겼다. 7시 정각이 되면 우리는 스위스 라디오 방송인 DRS에서 흘러나오는 아침 뉴스에 귀를 기울였다. 아침 뉴스가 끝나자마자 아버지는 일터로 나갔고 우리들은 학교로 향했다. 12시면 점심 식사를 위해 온 가족이 한자리에 모였다. 점심을 마친 12시 30분에는 모두가 조용히 있어야 했다. 라디오에서 뉴스가 나올 시각이었기 때문이다. 저녁에도 마찬가지였다. 7시 30분은 저녁 시간대의 절정이었다. 스위스 텔레비전 방송국의 '뉴스데스크'라 할 수 있는 〈타게스샤우〉가 방영되었으니 말이다.

내 인생에서 뉴스는, 아침 식사에서 빠지지 않는 초콜릿 잼 오보말티네Ovomaltine처럼 떼려야 뗄 수 없는 존재였다. 그러면서도 당시 나는 뭔가 이상하다고 느꼈다. 매일 날아오는 신문은 언제나 두께와 구성이 똑같았는데, 나는 이 점이 놀랍고도 의아했다. 부모님이 구독하던 지역 신문 〈루체르너 노이스테 나흐리히텐Luzerner Neuste Nachrichten〉은 늘 국제면 한 장과 경제면 한 장, 그리고 루체른 시 소식 두 장 등으로 이루어져 있었다. 전날 많은 일이 벌어졌든 아니든, 신문의 구성과 두께는 변하지 않았다. 그 당시 스위스에는 일요판 신문을 발행하는 곳이 없었다. 그럼에도 월요판의 두께는 다른 날과 동일했다. 토요일과 일요일 이틀 동안의 소식이 포함되었음에도 한결같이 36쪽으로 발행되었다. 나는 이 부분이 어딘가 이상했다. 신문에만 해당되는 일이 아니었다. 저녁 뉴스인 〈타게스샤우〉 역시 항상 동일한 시간 동안 진행되었다. 기이했다. 뉴스의 길이가 매일 같다는 것은 사건, 사고가 적은 날 중요하게 다뤄지며 보도되는 무언가가, 기삿거리가 많은 날엔 부득이 사소하게 취급된다는 뜻이기 때문이다. '어쩔 수 없지 뭐.' 나는 이렇게 생각하고는 더 이상 깊이 생각하지 않았다.

이후 수년 동안 나는 결코 만족을 모르는 열혈 신문 독자로 성장했다. 크고 넓은 세상의 온갖 소식을 접하고자 했던 나의 탐욕은 열일곱 살 때 정점을 찍었다. 그 무렵 나는 손에 닿는 모든 신문을 맨 앞에서부터 마지막 장까지 차례로 샅샅이 훑었다. 친구들이 축구장이나 모형 비행기, 혹은 여자 친구와의 만남에 몰두하며 밖으로 돌아다닐 때, 나는 토요일 내내 시립 도서관 열람실에서 시간을 보냈다.

도서관의 신문들은 낱장으로 분리되지 않도록 나무 막대기 사이에 단단히 끼워져 있었다. 막대기에는 고리가 달려 있어 신문을 줄줄이 걸어놓을 수 있었다. 당시 대부분의 신문은 무척 크고 분량이 상당했으며, 신문을 끼운 나무 막대기 또한 길고 무거웠다. 그래서 열람실에 앉아 신문을 읽다 보면 금세 손목이 아플 정도였다. 나는 거대한 책상에 자리를 잡고, 사제가 제단에 놓인 성경을 대하듯이 조심스럽게 신문의 낱장을 넘겼다. 내가 유일하게 몸을 일으켜 책상 위로 허리를 구부리는 경우는 신문 맨 상단의 보도 기사를 읽을 때였다.

도서관에는 날마다 같은 시간대에 나타나는 노신사들이 있었다. 그들은 늘 정장에 넥타이를 매고 도서관을 찾았다. (내 기억에 노년의 여성은 거의 없었다.) 주말에도 격식을 차린 그 노신사들은 누가 봐도 루체른에서 가장 보수적이었으며, 언제나 똑같은 방식으로 신문을 읽었다. 대부분 뿔테 안경을 끼고 있었는데, 그래서인지 굉장히 지적인 인상을 풍겼다. 나도 훗날 그들처럼 똑똑하고 박식해 보이고 싶었다. 신문 읽기는 그 일환이었다. 그래서 신문을 탐독하며 보다 지적인 사람이 되고자 했다. 당시 일상의 소소한 일들은 나에게 감명을 주지 못했다. 나는 일상을 넘어 높은 곳에 있는 소식과 지식만이 나를 해박하게 만들 거라 착각했다. 두 손을 맞잡은 각국의 대통령 사진, 자연재해, 쿠데타 시도와 같은 소식들 말이다. 늘 거창한 세계를 다루는 이 세계야말로 진정으로 가치 있다고 생각했다. 커다란 세계의 '중대한' 소식을 접하면 이 세계 속에 녹아들어 있는 듯했다.

대학 생활이 시작되자 나의 '뉴스 소비'는 자연스레 줄어들었다. 학업을 위해 읽어야 할 책들이 너무 많았기 때문이다. 그러나 대학 졸업 후 첫 직장에 들어가면서 뉴스에 대한 흥미가 다시 샘솟았다. 스위스 항공의 재무 관리사로 일할 무렵, 나는 거의 매일 비행기 안에 앉아 있었다. 승무원들이 신문 더미를 안고 기내를 돌아다닐 때면 나는 단번에 모든 신문의 표제를 읽어 내리느라 정신이 없었다. 비행 중에 작업을 마치지 못한 경우에는 못다 읽은 신문들을 서류 가방 안에 쑤셔 넣었다. (네모반듯하고 좌우에 숫자로 된 잠금 장치가 있는 007 가방 말이다. 요즘에는 범죄 영화에서나 구경할 수 있는데, 보통 이 가방 안엔 달러 뭉치가 가득하다.) 비행을 마치면 가방 안에 넣어 온 신문들을 호텔방에 펼쳐놓고 국제 뉴스를 끝까지 읽었다. 국제적인 신문과 잡지를 탐독함으로써 내가 그 세계에 속해 있다는 정신적 안정감을 느끼고 싶었기 때문이다. 신문을 읽으면 세계의 모든 면을 날마다 면밀히 들여다볼 수 있는 '힘'을 가진 듯한 기분을 느꼈다. 흡사 구원받은 사람처럼 나는 황홀경에 빠져 있었다.

나를 매료시킨 뉴스 매체는 신문, 잡지, 텔레비전 그리고 라디오만이 아니었다. 1990년대에 들어서면서 인터넷이 등장하자 더 많은 것을 알 수 있게 되었다. 아니, '모든 것'을 알 수 있게 되었다. 전 대륙의 뉴스를 빠르게, 아무런 비용 없이 접할 수 있게 된 것이다. 나는 아직도 내가 사용했던 컴퓨터의 화면보호기가 기억난다. 포인트캐스트 사가 개발한 화면보호기는 삼각형이 여기저기 지루하게 떠다니는 것이 아니라 최신 뉴스의 머리기사들을 보여주었다. 이 독창적인 화면보호기 덕분에, 당시 나는 몇 시간이고 책상 앞에 앉아 세상의 모든 소식을 접할 수 있었다. 맨해튼의 타임 스퀘어처럼, 온갖 뉴스들이 한시도 쉬지 않고 컴퓨터 화면에 이어진 것이다! 인터넷 등장에 발맞춰 대형 신문사나 잡지사들은 웹사이트를 만들어 태세를 갖추었고, 이어서 지역 신문사들도 하나둘 온라인 신문을 펴냈다. 뉴스를 읽는 데 이보다 더 완벽한 조건은 없었다. 언제 어디에서나 어떤 소식이든 얻을 수 있게 되었으니 말이다. 그런데 인터넷 뉴스가 발달하면서, 독자들이 채 읽기도 전에 중요한 머리기사가 뒤로 밀려나 사라지는 경우가 속속 발생했다. 그 사이에는 또 다른 새로운 기사들이 앞자리를 차지했다.

인터넷 브라우저가 2세대 그리고 3세대로 접어들면서, 새로 들어온 소식을 알람처럼 띄우는 푸시 뉴스나 독자가 필요로 하는 소식을 한데 모아 제공하는 RSS 피드도 가능해졌다. 나는 이들 모두를 구독했고, 신문사가 제공하는 뉴스레터 서비스도 구독했다. 이후 생겨난 뉴스 팟캐스트 역시 놓칠 수 없었다. 수없이 쏟아지는 뉴스들 속에서 나는 생기를 느꼈다. 뉴스에 열광하며 그 안에서 도취되어 흠뻑 빠져 있었다. 말 그대로 알코올에 완전히 취해 있는 것 같았다. 그럼에도 나는 스스로가 어리석어지는 줄도 모르고 점점 더 똑똑해지고 있다고 생각했다.

실제로 뉴스는 알코올만큼이나 위험하다. 엄밀히 말하면 알코올보다 위험하다. 왜냐하면 술을 마시는 사람이 넘어야 하는 장애물이 훨씬 더 높기 때문이다. 정확히 말하자면, 술이 가진 장애물은 0보다 크지만 뉴스의 장애물은 0보다 작다. 우선 술을 마시려면 술을 사러 나가는 노력이 필요하다. 즉 술 마시는 행위에는 시간과 돈이 든다. 술이 집 앞까지 무료로 배달되는 일은 없다. 그리고 만약 알코올의존증 환자라면, 연인이나 배우자가 있을 경우 술병을 몰래 숨겨야 하며 다 마신 병은 가능한 한 빨리 처리해야 한다. 이는 엄청난 에너지 소모다.

반면 뉴스는 이러한 에너지 소모가 필요 없다. 뉴스는 도처에 널려있고 대부분 무료로 제공된다. 또한 생각할 여지도 없이 자동으로 우리의 의식 속에 들어가 자리한다. 뉴스를 소비하기 위해 저장하거나 따로 처리할 것도 없다. 이 같은 상황 때문에 우리는 뉴스에 중독된 줄도 모른 채 중독된다. 나는 이 사실을 한참 뒤에야 깨달았다. 수만 시간 동안 무수한 뉴스들을 접한 뒤에, 스스로에게 이런 질문을 던지게 된 것이다. 그래서 너는 세상을 보다 잘 이해하고 있어? 지금 너는 예전보다 더 나은 결정을 내리고 있는 거야? 두 질문에 대한 나의 대답은 하나였다. 아니.

그럼에도 불구하고 나는 소란스럽고 압도적인 '뉴스 폭풍'의 매혹에서 벗어나려 하지 않았다. 쉼 없이 쏟아지는 뉴스들은 분명 나의 신경을 건드렸지만 이를 크게 실감하지는 못했다. 하지만 언제부터인가 긴 글을 단번에 읽기가 힘들어졌다. 지속적으로 날아드는 뉴스의 파편들이 현실을 둘러싸면서, 누군가가 나의 집중력을 작디작은 조각들로 잘라놓은 기분이었다. 나는 공황에 빠졌다. 산산이 조각난 집중력을 회복할 수 없을까 봐, 이 조각들을 온전한 하나의 덩어리로 결합할 수 없을까 봐 몹시 두려웠다. 이후 나는 천천히 뉴스와 작별을 고하기 시작했다. 뉴스레터와 RSS 피드를 지웠고, 내가 선택한 몇몇 뉴스 사이트들만 제한적으로 남겨두었다. 〈노이에 취르허 차이퉁〉, 〈슈피겔〉, 〈뉴욕 타임스〉, 〈파이낸셜 타임스〉 그리고 〈월스트리트 저널〉 이렇게 5개만. 하지만 이것도 너무 많아서 더 줄이기로 했다. 다섯에서 넷, 넷에서 셋, 그리고 마지막으로 2개의 사이트만 허락하기로 했다. 그러면서 하루에 최대 세 번까지만 뉴스를 찾아 읽는 것으로 규칙을 세웠다. 물론 잘 지키지는 못했다. 양손으로 번갈아가며 나뭇가지를 붙잡고 이동하는 원숭이처럼, 나는 뉴스의 링크와 링크를 타고 끝없는 '뉴스 정글' 속에서 다시 길을 잃었다. 뭔가 극단적인 해결책이 필요했다. 정말이지 절박했다. 누군가는 이렇게 말할지도 모른다. '뉴스를 끊으면 되지!' 당장.

당신과 무관한 2만 개의 뉴스

지난 열두 달 동안 당신은 대략 2만 개에 달하는 짧은 뉴스들을 먹어치웠을 것이다. 그럼 적게 잡아도 하루에 약 60개의 뉴스 보도를 삼킨 셈이다. 우리 한번 솔직하게 말해보자. 그 뉴스들 가운데 당신의 인생, 가족, 사업, 경력, 그리고 몸과 마음의 건강에 보다 유익한 결정을 내리게 도와준 뉴스가 있다면 하나만 꼽아보자. 그 뉴스가 아니었더라면 결코 내릴 수 없었을, 일생일대의 중대한 결정이 하나라도 있는가?

이 질문에 1년 동안 소비한 2만 개의 소식들 중에 2개 이상을 대답한 사람은 한 명도 없었다. 이렇게 형편없는 상관관계가 또 있을까? 시간을 되감아 내가 단 하나의 뉴스도 소비하지 않던 10년 전으로 거슬러 올라가면, 당시 내 인생에서 정말로 도움이 될 만한 뉴스 보도는 딱 하나였다. 나는 아직도 그 뉴스 하나만큼은 생생히 기억한다. 어느 섬에서 화산 폭발이 일어나 비행이 취소됐다는 뉴스였다. 그때 공항으로 향하는 길이었던 내게는 분명 도움이 될 만한 뉴스였다. 조금만 더 일찍 알았더라면 시간을 낭비하지 않았을 테니 말이다. 혹은 내가 항공사에 전화번호를 제대로 남겼더라면 비행 취소 문자를 제때 받아 거리 위에서 시간을 버리지 않았을 것이다. 결과적으로 나는 비행이 취소되었다는 소식을 한참 뒤에야 접했고 공항까지 가는 수고를 해야 했다.

실제로 뉴스는 누군가의 인생을 좌우할 만큼 중요하지 않다. 뉴스는 당신의 인생과 무관하며 대부분은 그저 사소하다. 우리에게 흥미와 이야깃거리를 제공하지만 그 이상도 그 이하도 아니다. 이런 식으로 생각하는 단계까지 이르려면 많은 시간과 노력이 필요하다.

이렇게 가정해보자. 당신이 매일 소비하는 뉴스들 가운데 삶의 질을 확실히 높여줄 수 있는 뉴스 보도가 하나 있다. 그 보도가 없으면 당신의 삶이 점점 엉망이 된다고 생각해보자. 만약 현실이 정말 그렇다면, 당신의 뇌는 비싼 트러플 하나를 찾기 위해 온갖 쓰레기들을 소화해야 한다. 생각만 해도 끔찍하지 않은가?

누군가는 다음과 같이 반문할 수도 있다. "세상을 그렇게 흑백 논리로 이분화하면 안 되지. 일종의 중도를 추구하면 되지 않을까? 유익하고 좋은 뉴스만 선별하여 섭취하는 식으로, 가치 있는 뉴스만 소비하고 나머지 것들은 한쪽으로 치워버리면 되는 일 아닌가?" 그럴듯하게 들리지만 말처럼 쉽지는 않다. 무엇보다 우리는 뉴스의 가치를 제대로 평가할 수가 없다. 읽을 가치가 있는지 판단하려면 먼저 머리기사를 두루 읽어야 하는데, 그렇게 훑다 보면 '뉴스 뷔페'를 한 바퀴 다 돌면서 모든 것을 맛보게 된다.

아니면 전문가들에게 뉴스 선별 작업을 맡기는 건 어떨까, 라고 생각하는가? 이른바 저널리스트라면 무수한 뉴스들 속에서 보다 중요하고 가치 있는 사건들을 걸러내고 찾아내는 데 탁월할 거라고 생각할 수 있다. 그렇다면 다음의 질문을 답해보라.

세계 최초의 인터넷 브라우저가 세계 시장에 첫발을 디딘 날은 1993년 11월 11일이다. 인터넷 브라우저는 원자폭탄 이후 전 세계에 가장 큰 파장을 몰고 온 20세기 발명품이라 할 수 있다. 그렇다면 첫 번째 웹 브라우저의 이름이 무엇인지 혹시 아는가? 바로 모자이크Mosaic다. 모른다고 해서 민망해하거나 변명할 필요는 없다. 우리가 날마다 접하는 뉴스를 통해선 이와 같은 정보를 얻을 수 없으니까. 매일 저녁 독일 전역에 방송된 〈타게스샤우〉는 이런 정보 대신 정치자금법 개편안, 혹은 빌 클린턴을 방문한 이스라엘 총리 라빈의 소식 등을 전할 뿐이었다. 다시 말하면 뉴스 전문가인 기자나 뉴스 소비자인 우리나 뉴스의 중요성을 객관적으로 판가름할 감각 기관이 없는 것이다.

게다가 매체의 주목도와 뉴스의 중대성은 상관관계가 없다. 즉 보도가 요란한 것과 중요도는 비례하지 않으며 우리의 삶과는 더 무관하다. 수년 동안 경험한 끝에 나는 다음과 같이 확신하게 되었다. 뉴스가 보도하지 않는 내용이 오히려 더 중대하며 내 삶과 유관한 경우가 빈번하다는 것이다! '중요도'와 '관련성'은 지극히 개인적인 문제다. 어떤 뉴스가 나에게 중요하며 내 삶과 밀접한지는 다른 사람이 정의할 수 없다. 국가나 교황, 상사나 심리치료사가 대신 정할 문제가 아닌 것이다. 그런데 매체의 입장에선 대중의 관심을 확실히 끌 수 있는 것은 모두 중요하다. 뉴스 산업의 비즈니스 모델 중심에 바로 이 같은 속임수가 자리하고 있다. 매체들은 그다지 중요하지 않고 우리와 관련이 없는 뉴스들을 마치 굉장히 중대한 것인 양 포장하여 판매한다. 그로 인해 현대인들은 '중대성 대 새로움' 사이에서 근본적인 갈등을 겪는다.

내가 만약 개인적인 중요도에 따라 나만의 〈타게스샤우〉를 편성한다면 과연 어떤 모습일까? 다른 건 몰라도 우리 가족의 현재 상황을 구체적으로 다루는 꼭지는 반드시 포함해야 한다. 요즘 우리 아이들은 무엇을 하며 지내는가? 그들은 무슨 생각을 하고 있는가? 내 아내 역시 어떤 생각을 하고 있는가?와 같은 내용들 말이다. 또한 나의 하루를 돌아보며 오늘 했다면 더 좋았을 일들에 대한 아쉬움을 정리하는 일종의 일일 비평 코너도 구성할 것이다.

더불어 혈액검사 결과를 포함한, 가족들의 건강 점검 시간. 우리 이모님의 질병 상태 보고서. 내 친구들의 신체적 · 정신적 건강 현황. 우리 동네에서 추진 중인 도로 안전 조치의 최신 근황. 집 안 쓰레기 처리 계획. 주방 리모델링 프로젝트. 휴가 계획. 어느 학자와 이메일을 주고받은 이야기. 나의 차기 작품 계획안. 새로운 사업 아이디어. 점심시간에 큰 즐거움을 선사한 대화 돌아보기. 도시, 지역, 학교, 주변 이웃의 소식, 그리고 먼 지역에 관한 르포. 현재 논의 중이거나 효력이 발생한 개정 법안 안내. 그리고 내가 작가로서 살아가기 위해 필요한 모든 것에 대한 보고서.

나만의 '개인적인 〈타게스샤우〉 방송'이 다른 사람들에게도 중요할까? 당연히 그렇지 않다. 나에게 중대한 소식이더라도 타인에게는 별반 중요하지 않은 경우가 대다수다. 그러니 '글로벌 뉴스 메뉴'의 목록은 말할 것도 없다. 그럼에도 사람들 대부분은 월드 뉴스라 불리는 세계 소식이 자신의 삶과 밀접하며 매우 중요하다고, 무의식적으로 생각하곤 한다. 말 그대로 거대한 착각에 빠진 것이다.

뉴스를 생산하는 기관들은 우리가 뉴스를 소비하면 경쟁에서 훨씬 유리해질 거라고 현혹한다. 많은 사람이 이런 속임수에 쉽게 넘어간다. 실제로 뉴스 소비는 경쟁에 결코 유리하지 않으며, 오히려 불리하게 작용한다. 만약 뉴스 생산자들이 뉴스 소비를 적극적으로 촉진한다면, 뉴스를 만들어내는 기자들은 소득 피라미드의 꼭대기에 오를 것이다. 그러나 뉴스 생산자들은 이렇게 하지 않는다. 적극적인 소비를 독려하는 대신 그 반대로, 우리가 은연중에 습관적으로 뉴스를 섭취하게끔 만든다. 무엇이 인간을 성공으로 이끄는지는 정확히 알지 못하지만, 무엇이 인간의 성공을 방해하는지는 잘 안다. 다른 건 몰라도, 한 입 거리의 뉴스 부스러기들을 쉬지 않고 폭식하는 행위다.

테이크아웃

뉴스 전문가인 기자나 뉴스 소비자인 우리 모두 뉴스의 중대성을 판가름할 '감각 기관' 같은 것이 없다. 당신만의 '개인적인 뉴스데스크' 방송을 편성해 보는 건 어떨까. 당신에게 중요하다고 생각하는 내용들 위주로 뉴스를 구성해보는 것이다.

삶을 뒤흔들 만큼 중요한 뉴스는 없다

지구는 순전히 우연 때문에 지금의 크기가 되었다. 그렇다면 지구의 지름이 현재의 2배라고 가정해보자. 지름이 2배가 되면 지구의 면적은 지금보다 4배나 넓어진다. 인구밀도가 현재와 같다면 지금 인구의 4배에 달하는 사람들이 (지금과 크게 다를 바 없이) 지구상 곳곳에 퍼져 살 것이다. 도시든 시골이든 눈에 띄는 차이 없이, 오늘날과 거의 동일한 일상이 이어질 것이다. 독자 여러분들 또한 현재와 완전히 똑같은 분위기를 느끼며 삶을 이어갈 것이다. (중력의 변화는 무시하자.) 하지만 한 가지는 분명 다를 것이다. 바로 뉴스 말이다.

면적이 지금보다 4배나 넓은 지구에선 이른바 '중요한 뉴스'가 4배 정도 많을 것이다. 즉 영웅으로 불리는 위대한 인간들을 비롯하여, 반사회성 인격 장애(혹은 사이코패스), 스캔들, 교량 붕괴, 음악 천재, 살인, 차량 연쇄 충돌, 유명 인사, 이혼, 화산 폭발, 트윗, 상어의 공격, 테러 위협, 컴퓨터 바이러스, 댐 붕괴, 환경 재해, 은행 강도, 무력 분쟁, 홍보 글, 발명, 기업 설립, 그리고 파산 신청도 지금보다 최소 4배 이상일 것이다.

그러나 뉴스의 수가 증가해도 모든 분야의 뉴스가 균등하게 늘어날 가능성은 낮다. 4배로 넓어진 지구에서도 세상은 승자가 모든 것을 차지하는 '승자 독식의 법칙'을 따를 것이다. 지구의 인구가 지금보다 4배나 많더라도 각 분야별 노벨상은 1년에 (네 명이 아니라) 딱 한 명에게만 돌아갈 것이다. 올림픽 포환던지기의 금메달 수상자 또한 네 명이 아닌 한 명일 것이다. 자동차 브랜드와 소셜 네트워크 서비스 그리고 검색 엔진은 오늘날보다 (4배가 아니라) 2배 정도 많을 것이다. 이렇듯 저 위에 있는 승자들을 다루는 뉴스의 수는 지금과 크게 다르지 않거나 많아야 2배가량이 될 것이다. 반면 다른 분야의 뉴스 비율은 과도하게 높아질 것이다. 현재보다 4배나 많은 인구로 인해 아마도 지구상에는 숭고한 협력이나 전대미문의 갈등, 예상을 뛰어넘는 기업 합병, 뜻밖의 법원 판결처럼 파란만장한 사건, 사고가 지금의 10배에 달하는 수준으로 발생할 것이다. 비행기의 직항로는 ×배에 이르며 금융 제도의 불안정 지수도 ×배가 될 것이다. 지금 우리는 일종의 '사고 실

험'을 하고 있으니, 편의상 단순하게 숫자 4를 고수하기로 하자.

만일 현재 당신이 대부분의 뉴스를 매우 중요하다 여기며 열심히 소비하고 있다면, 면적이 4배인 커다란 지구에서도 4배나 많은 '중대한' 뉴스를 한결같이 소비해야 한다. 그러면 하루에 90분이 아니라 6시간을 뉴스 소비에 투자해야 한다. 물론 당신은 그럴 수 없을 것이다. 하루에 6시간은 너무 과하니까. 따라서 당신은 뉴스에 쏟는 시간을 어느 정도 제한하여 일상생활을 병행할 수 있는 정도로 낮춰야 한다고 생각할 것이다. 예컨대 6시간의 4분의 1인 90분 정도면 적당하다고 생각할지 모른다. 당신은 회사에 출근해야 하고, 돌봐야 할 가정이 있으며, 친구와의 약속과 취미생활을 위해 필요한 시간이 있을 테니 말이다.

이 사고 실험을 통해 한 가지가 분명해졌다. 당신은 뉴스 소비를 줄일 준비가 되어 있다. 중요한 뉴스에 한정해 하루에 6시간이 아닌 90분 동안만 뉴스를 보겠다고 결심할 수 있다면, 현실에서도 뉴스 소비를 줄이는 데 큰 문제가 없을 것이다. 지구의 면적이 4배나 넓어져 중대한 뉴스가 4배나 늘어난 사고 실험에서 뉴스 소비를 대폭 줄일 마음이 있었다면, 현실에서도 얼마든지 가능하지 않을까? 뉴스가 없어도 당신의 삶은 결코 흔들리지 않을 것이다. 이 세상에 당신의 삶을 뒤흔들 만큼 중요한 뉴스는 하나도 없다.

누차 말하지만, 뉴스의 중요성은 각 개인이 결정할 문제다. 어떤 뉴스가 중요한지 그렇지 않은지를 가르는 보편타당한 경계는 어디에도 없다. 그러므로 당신은 (방금 사고 실험에서 진행했듯이) 아무런 어려움 없이 뉴스 소비를 75퍼센트까지 줄일 수 있다. 다른 여러 조건이 갖춰져 99퍼센트까지 줄일 준비가 되었다면, 100퍼센트 단계에 이르는 건 문제도 아니다.

그럼에도 불구하고 당신의 마음속엔 불안이 감돌 것이다. '뭔가 중요한 것'을 놓치지는 않을까 걱정될지도 모른다. 내 경험에 따르면, 누에고치처럼 뉴스로부터 완벽히 보호받더라도 뭔가 정말 중요한 일이 벌어지면 어떻게든 알게 되어 있다. 당신의 집 지하실에서 파이프 하나가 터지면, 눈치 빠른 이웃 주민이 조만간 당신에게 그 사실을 알린다. 만약 세계 어딘가에서 테러리스트들이 버스 한 대를 폭파시켰다면, 이 소식 또한 당신은 어떤 경로를 통해서든 주워듣게 된다. 가족, 친구 그리고 동료들은 모든 언론사를 능가할 정도로 믿음직스럽고 확실하게, '크고 중대한' 사건들을 전해줄 것이다. 심지어 당신은 '메타 정보'까지 추가로 얻게 된다. 즉 친구들의 세계관과 우선순위를 알게 되며, 당신에게 소식을 전하는 '뉴스 공급자'가 어떤 사람인지를 자연스레 평가하게 될 것이다. 혹여나 버스 폭파 사건에 대해 아무런 소식을 듣지 못했더라도 문제 될 건 전혀 없다. 당신은 그저 당신의 일상을 누리면 된다. 어쩌면 지구가 아닌 다른 행성에서도 매 순간 심각한 일들이 벌어지고 있을 것이다. 하지만 우리는 그곳의 소식을 모른다. 누구도 우리에게 전해주지 않기 때문이다. 그래도 일상은 여전히 지속되며, 우리는 그 때문에 불안해하지 않는다.

이 세상에 당신의 삶을 뒤흔들 만큼 중요한 뉴스는 하나도 없다. 뉴스가 없어도 당신의 삶은 결코 흔들리지 않을 것이다. 한 권의 좋은 책은 수많은 뉴스 보도보다 헤아릴 수 없을 만큼의 가치가 있다.

| 2부 |

오늘날 뉴스의 실패

자극적인 이슈를 팝니다

인간의 중추신경계는 자극에 과하다 싶을 만큼 강렬하게 반응한다. 가시적이고, 불쾌하며, 세간의 이목을 끌 만큼 충격적이고, 특정 인물과 관련 있으며, 시끄럽고, 유독 두드러지며, 양극으로 대립하고, 빠르게 바뀌며, 알록달록한 것에 반응을 보인다. 그러면서 추상적이고, 모호하며, 복합적이고, 전개가 느리며, 복잡하게 얽혀 있고, 의미 부여가 필요한 정보에는 지나치게 미미하게 반응한다. 뉴스 생산자들은 인간의 이 같은 왜곡된 인식을 조직적으로 이용한다.

대부분의 뉴스 매체들은 시시콜콜한 이야기 더미와 요란한 사진, 그리고 충격적인 영상과 말도 안 되는 '사실'들로 우리의 관심을 사로잡는다. '뉴스 서커스'에 자금을 공급하는 광고업계 또한 같은 방식으로 작동한다. 휘황찬란하고 시끌벅적한 뉴스에 적절

한 광고들만 팔려나간다. 매체는 미묘하고 복합적이며 추상적인, 전개가 더디며 정체가 잘 드러나지 않는 은밀한 내용들은 조직적으로 감춘다. 그 결과 이 정보들은 뉴스 소비자인 우리의 시야에서도 사라진다. 우리의 삶과 관련 깊고 세상을 이해하는 데 매우 중요한 내용이 추상적이고 복합적인 정보들 속에 담겨 있더라도 말이다.

다음의 사고를 예로 들어 생각해보자. 자동차 한 대가 다리 위를 지나고 있었다. 그런데 그 다리가 무너졌다. 이 사건을 접한 매체들은 어디에 초점을 맞출까? 바로 자동차다. 그리고 자동차 안에 있는 인물에게 시선을 집중할 것이다. 그 사람이 어디에서 왔는지, 어디로 향하고 있었는지, (만약 생존했다면) 이런 참사를 겪은 현재 감정은 어떠한지, 사고 직후 어떤 모습을 보였는지, 혹은 사고 이전에 어떤 인물이었는지 등을 조명할 것이다. 물론 사고 당사자의 운명은 실로 비극적이다. 그런데 우리가 전혀 알지도 못하는 이 사람의 불행은 우리와 무슨 관계가 있을까? 아무런 관계도 없다. 실제로 우리와 밀접한 것은 바로 다리다! 우리는 다리의 구조적 안정성에 주목해야 한다. 붕괴한 다리와 설계 구조나 건축 자재가 같은 다리가 또 있는지, 그렇다면 그 다리들은 어디에 있으며 현재 상태는 어떠한지, 이런 질문을 던져야 한다.

이 사고에서 정말 중요하고 우리가 반드시 챙겨야 하는 지점은 더 많은 인명 피해가 나지 않는 것이다. 다시 말해 자동차와 운전자에 초점을 맞출 일이 아니다. 다리 위를 달리는 모든 자동차는 언제든 교량 붕괴 사고를 당할 가능성이 있다. 바람이 강하게 불거나 혹은 갑작스레 다리 위에 개가 나타나서 피하려다 충돌 사고가 일어나 다리가 붕괴할 수도 있다. 하지만 매체들은 이런 사건이 벌어지면 늘 찌그러진 자동차를 중심으로 사고를 보도한다. 이유가 뭘까? 종잇장처럼 구겨진 자동차는 놀라우리만큼 참혹한 모습이기 때문이다. 그리고 차 안에 있는 모든 운전자는 나름의 사연이 있기 때문이다. 뉴스 매체들은 사고 현장의 자동차와 그 안에 탑승한 인물을 가지고 이야기를 만든다. 그렇게 만들어진 이야기는 자극적인 뉴스로 생산돼 대중의 관심을 받는다.

다른 예를 더 들어보자. 세무서에서 일하는 한 직원의 기만행위 때문에 한 도시에 1백만 유로의 손실이 발생했다. 그러면 언론 매체들은 모두 이 직원에게 달려들어 그의 출신과 사생활을 집중적으로 조명할 것이다. 성장 배경이 어떠한지, 그런 행위를 벌인 동기가 무엇인지, 현재 심정이 어떠한지, 평소 사상은 어땠는지, 상사와의 관계는 어떠했는지, 그리고 동료들과는 어떻게 지냈는지 등을 낱낱이 파헤칠 것이다. 그러나 초점이 잘못 맞춰졌다. 이 사건에서 중요한 문제는 해당 직원의 사생활이 아니라, 세무서의 위기관리 구조와 경영 문화다. 이 2가지야말로 우리의 삶과 직결된다. 기만행위를 가능케 하는, 허술한 위기관리 구조 및 경영 문화는 계속해서 또 다른 사기꾼들을 낳을 수 있다. 이에 비하면 기만행위 당사자의 일생은 부차적이다.

뉴스 중독자인 우리는 머릿속의 잘못된 '위험 지도'를 붙들고 이리저리 헤매고 있는 셈이다. 우리 주변의 다리에 결함이 있는지, 앞으로 다리를 어떻게 지어야 하는지, 이를 책임지고 관리하는 자는 누구인지 등을 묻고 따지며 문제를 제기하지 않고 다른 곳에만 눈을 돌린다. 다리는 하나의 예일 뿐이다. 다른 주제와 관련해서도 우리는 지극히 부차적인 문제에 치중하는 경향이 있다.

- 우리는 테러리즘은 과대평가하며, 만성 스트레스는 과소평가한다.
- 은행의 파산은 과대평가하며, 무책임한 국고 운용은 과소평가한다.
- 브리트니 스피어스는 과대평가하며, 대기 환경 연구 결과는 과소평가한다.
- 우주 비행사는 과대평가하며, 간호사는 과소평가한다.

- 상어의 공격은 과대평가하며, 바다의 산성화는 과소평가한다.
- 비행기 추락은 과대평가하며, 항생제 내성은 과소평가한다.
- 의견은 과대평가하며, 행위는 과소평가한다.

일상적인 뉴스 소비는 사건, 사고의 중요성을 판단하는 감각을 무디게 한다. 그로 인해 현실과 크게 동떨어진 판단을 내리게 만든다. 쉽게 말해 날마다 습관적으로 뉴스를 소비하면, 현실에서 정말 중요한 것이 무엇인지를 제대로 파악하지 못하게 된다. 이는 잘못되고 부적절한 행동으로 이어진다. 당신이 언론을 통해 접한 위험은 진짜 위험이 아니다. 텔레비전에서 비행기 추락 사고를 보고 나서 한동안 비행기를 타지 않은 사람들이 적지 않다. 현실에서 비행기 추락은 극히 드물게 일어나며, 개인의 행동을 바꾸어놓을 만한 사안도 아니다.

누군가는 이렇게 반문할 수도 있다. 명료한 판단력을 바탕으로 현실과의 간극을 의식하면서 뉴스를 소비하면 되지 않느냐고 말이다. 아니다, 그럴 수는 없다. 매체가 만들어낸 매혹적이고 과대평가된 이야기를 의식적으로 심사숙고하고 이성적으로 판단하여, 이야기와 현실의 간극을 메울 만한 능력이 우리에게는 없다.

그러기에는 우리의 뇌가 너무나 나약하다. 매일같이 뉴스를 소비하다 보면 현실과 뉴스를 제대로 분간할 수가 없다. 은행가나 경제 전문가처럼 현실에 위험이 가득하다고 대중을 자극하는 이들조차 진짜 위험을 제대로 판단하지 못한다. 이쯤 되면 해결책은 단 하나뿐임을 어렴풋이 예감할 것이다. 뉴스 소비로부터 완전히 벗어나는 길밖에 답이 없다. 위험 지역이 잘못 표기된 지도를 들고 어떻게든 현명하게 빠져나가겠다는 생각은 처음부터 하지 말기를 바란다. 그 지도는 내버려야 한다.

테이크아웃

뉴스를 소비하면 당신의 머릿속엔 위험 지역이 잘못 표기된 지도 한 장이 자리하게 된다. 뉴스를 근거로 중요한 결정을 내려서는 안 된다. 오로지 진짜 정보를 바탕으로 결정을 내려야 한다. 진짜 정보는 책과 통계, 그리고 철두철미한 조사로 이루어진 장문의 기사를 통해 알 수 있다.

뉴스 생산자와 소비자가 빠지는 오해

뉴스는 설명 능력이 없다. 쉴 새 없이 쏟아지는 짧은 보도들은 복잡한 세상의 표면에 붙은 작디작은 비눗방울과 같다. 이들은 세상의 내면을 어슴푸레 비추다가 이내 터지고 만다. 뉴스를 만드는 언론이 정확한 사실이라며 확신에 차 보도하는 소식일수록 터무니없는 내용일 가능성이 높다. 언론이 내놓는 이 '사실'은 문제의 깊은 곳에 자리한 원인이라기보다 부차적이고 표면적인 현상에 불과한 경우가 대부분이다.

시리아 내전에 관한 사진과 뉴스 보도를 매일 소비하더라도 이에 대한 당신의 이해도는 한 치도 높아지지 않을 것이다. 오히려 이해도가 더 낮아질지도 모른다. 전선의 소식과 전쟁 사진들이 많이 쏟아질수록, 당신은 실제 전쟁 지역에서 무슨 일이 왜 일어나고 있는지를 제대로 이해할 수 없게 된다. 그렇게 뉴스 생산자와 뉴스 소비자는 동일한 오류에 빠지게 된다. 즉 연속해서 생산되고 소비되는 '사실'들이 세상 돌아가는 맥락을 잘못 이해하게끔 만드는 것이다. 거의 모든 언론사가 '팩트, 팩트, 그리고 더 많은 팩트'라는 신조를 내걸고 있다.

우리가 뉴스를 통해 알고 싶은 건 사건이 벌어진 원인, 다시 말해 사건이 발생한 근본적인 이유다. 하지만 안타깝게도 사건의 정확한 인과관계를 설명하는 기자는 놀라우리만큼 적다. 그들이 밝혀낸 건 상관관계에 불과하다. 사건이 발생하는 과정은 일차원적이지 않으며 복잡다단하다. 문화적, 정신적, 경제적, 군사적, 정치적 그리고 생태적 경과를 거쳐 사건이나 현상이 드러난다. 이는 눈에 보이지 않기 때문에 파악하기도 규명도 쉽지 않다. 그런 이유로 언론은 쉽게 생산되고 소비되는 유명 인사들의 뒷이야기와 같은 스캔들에 집중한다.

한편 사건의 실체를 이해하고 관련된 기사를 쓸 수 있는 소수의 기자들이 설 자리는 점점 없어지고 있다. 이유는 간단하다. 다수의 독자가 원하는 건 장문이 아닌 한 입 거리의 짧은 기사이기 때문이다. 복잡한 내용의 긴 글 하나보다는 선정적인 헤드라인을 단 10개의 짧은 기사가 더 많은 사람의 관심을 끌고 더 많은 광고가 붙는다.

어린 시절에 가지고 놀던 그림책 중에 하얀 바탕 위에 번호가 매겨진 점들이 가득한 수수께끼 같은 책이 있었다. 우리는 점들을 차례로 이으며 놀았는데, 그렇게 다 이으면 무엇에 관한 그림인지 드러나곤 했다. 뉴스 보도 또한 이 점과 크게 다르지 않다. 다른 게 있다면, 뉴스는 점과 점을 연결하여 수수께끼를 푸는 노력을 들일 필요가 없다. 아무리 많은 뉴스를 소비하더라도 주제가 드러나지 않기 때문이다.

전체 그림을 보려면 사건의 기저에 놓인 것들을 비롯해, 사건들의 상호 의존 관계와 피드백, 그리고 사건으로 인한 직접적인 효과 및 2차 효과까지 연결 지어야 한다. 그러나 이처럼 복잡한 수수께끼에 손을 대려는 기자는 거의 없다. 뉴스는 사건을 단조롭게 전달하면서, 사건들 사이에 아무 연관 관계가 없는 것처럼 착각하게 만든다. 이런 뉴스를 통해서는 세상을 제대로 이해할 수 없다. 그저 수많은 팩트들만 소비하게 될 뿐이다.

하지만 실제 세상에서 일어나는 거의 모든 일은 복잡하게 얽혀 있다. 사건 하나하나를 독립적인 현상인 것처럼 다루는 것은 거짓이고 기만이다. 이런 식으로 언론은 뉴스 소비자의 입맛에 가장 잘 맞는 손쉬운 뉴스를 만들어 퍼뜨린다. 그 결과 '세상을 이해하기 위해' 뉴스를 소비하는 행위가, 뉴스를 전혀 소비하지 않는

것보다 더 나쁜 결과를 초래한다. 미국 건국의 아버지 중 한 사람인 토머스 제퍼슨은 일찍이 1800년에 이렇게 언급한 바 있다. "아무것도 읽지 않는 사람이 신문만 읽는 사람보다 더 많은 것을 안다." 이른바 팩트라 불리는 사실들은 우리의 생각을 가로막는다. 사실이 넘쳐나면 생각은 그 안에 갇힌다. 뉴스를 소비하면서 당신은 세상을 이해하고 있다는 환상에 빠지게 된다. 이 같은 환상은 자기 과신으로 이어진다.

이와 관련하여 스탠퍼드대학교의 폴 슬로빅 교수가 진행한 유명한 실험이 하나 있다. 실험에서 그는 경마에 참가하는 이들에게 경주마에 대한 다양한 정보를 지속적으로 제공했다. 그러면서 참가자들에게 각 경주의 우승마를 예측해달라고 요청하는 동시에 그 예측을 얼마만큼 자신하는지도 물었다. 결과는 어땠을까? 각 경주마에 관한 (세부적이고 확실한) 정보의 양은 예측 결과에 큰 영향을 미치지 않았다. 즉 정보가 많다고 경마로 인한 수익이 크게 증가한 것은 아니었다. 하지만 정보의 양은 참가자들이 자신을 과도하게 믿도록 큰 영향을 끼쳤다. 쉽게 말해 정보가 많을수록 스스로 이길 확률이 높다고 평가했고 자신감이 더 높아졌다.

오늘날 정보의 홍수 속에서 신중함과 겸손의 가치는 씻겨 내려갔다. 정보가 넘치면서 신중한 판단은 확신에 찬 행위로 '변이'되었다.

이 같은 '뉴스 범람'의 희생자가 되고 싶진 않을 것이다. 우리는 이미 알고 있다. 팩트의 물결 속에선 옳은 결정을 내릴 수 없다는 것을, 탁월한 결정도 팩트의 범람 속에선 이내 가라앉게 된다는 것을 말이다. 그러므로 뉴스의 범람 속에 잠기기 전에 거기서 벗어나야 한다. 뉴스를 통해 세상을 보다 잘 이해하게 될 거라는 착각은 하루빨리 내려놓아야 한다. 세상은 그렇게 쉽게 파악할 수 없다. 이를 받아들이면 뉴스 소비를 절제하는 일이 훨씬 수월해질 것이다. 뉴스와 거리를 두면 자신의 지식에 관해 더욱 겸손하며 분별력 있는 사람이 될 것이다. 또한 과신의 희생자로 전락하지도 않을 것이다.

통찰력이 명민했던 작가 막스 프리슈는 40년 전에 이런 글을 남겼다. "무슨 일이 일어나는지는 아무도 모른다. 신문은 그저 그날 알게 된 것들을 내보낼 뿐이다." 뉴스의 '현재성'은 그늘을 만들어 우리의 이해를 가린다. 최선의 길은 날마다 공급되는 뉴스를 차단하는 것이다.

대신 좋은 책과 장문의 기사를 읽자. 이들은 세상의 복잡성을 올바르게 평가할 수 있도록 도와준다. 번쩍거리는 머리기사, 팩트가 쏟아지는 분수, 연결 고리가 없는 무수한 점들은 거부하자.

뉴스를 끊기 시작하면 불과 몇 달 만에, 세상을 보다 또렷이 파악할 수 있는 통찰력을 갖게 될 것이다.

뉴스는 세상을 이해시켜주지 않는다. 꽃가루처럼 화려하게 흩날리는 뉴스와 작별을 고하자. 그 대신 양질의 서적과 잘 정리된 장문의 기사를 읽어보자. 이들은 세상이 어떻게 돌아가는지를 명료하게 설명해준다.

2008 금융 위기는 아무도 예측하지 못했다

세상은 복잡하고 역동적인 혼돈 그 자체다. 세상에서 벌어지는 일들의 인과관계는 결코 일차원적이지 않다. 수백, 수천 가지의 원인들이 상호작용하여 하나의 특정 결과로 이어지는 경우가 대부분이다. 그리고 그 결과는 종종 또 하나의 원인으로 작용한다.

2008년 금융 위기를 예로 들어보자. 당시 위기의 원인은 한두 가지로 꼽을 수가 없다. 독이 든 칵테일 같은 상태였던 금융 시스템이 잔에 담긴 모든 독성 물질들로 인해 붕괴했다고 봐야 한다. 누구 하나의 잘못이 아니라 독소들의 복합적인 상호작용의 결과인 것이다. 주식시장에 대한 낙관, 개인 모기지 론mortgage loan(주택 저당 대출)의 증대, 집값이 절대 떨어지지 않을 거라는 확신의 확산, 은행의 과도한 레버리지leverage(빚을 이용한 투자), 그리고 주택 저당 증권mortgage-backed securities, MBS과 부채 담보부 증권collateralized debt obligation, CDO처럼 난해한 이름들을 포함하는 자산 유동화 증권asset-backed securities, ABS 및 파생 결합 증권derivatives linked securities, DLS의 발행(이 단어는 더 난해하다), 신용 등급 기관의 범법 행위, 주택 저당 증권 판매자들의 범법 행위, 미국 채권에 대한 유럽 투자자들의 과도한 욕망, 대서양 이쪽저쪽의 해이한 은행 감독, 부적절한 위기 대응 방식, 준정부 수준의 보증 등등.

지금 와서 돌아보면 모든 것이 명확하다. 앞에서 거론한 요소 하나하나는 우리에게 일종의 환상을 심어주었다. 그러므로 당시의 금융 위기는 너무도 당연한 결과였다. 그리고 충분히 예상 가능한 일이었다. 심리학에선 이러한 경향을 사후 확신 편향hindsight bias이라 부른다. 즉 사건의 결과를 알고 난 뒤에, 처음부터 그 사건을 예상했다고 착각하는 심리 상태를 말한다. 하지만 당시 우리는 태풍의 눈 한가운데에 있었다. 그래서 그 무엇도 또렷하게 보이지 않았다. 안타깝게도 우리는 다음에 올 위기 역시 알아볼 수가 없다. 위기의 한가운데에선 아무것도 명료하지 않기 때문이다.

물론 뉴스가 없는 상황에서도 사후 확신 편향에 빠질 수 있다. 그런데 뉴스 소비는 이 같은 논리적 오류를 강화한다. 뉴스는 하나의 이야기를 짧은 길이로 축약해 전달해야 한다. 이 조건을 채우려면 조악한 단순화 과정이 유일한 답이다. 가벼운 자전거 접

촉 사고든 전 세계적인 경제 위기든, 지금 막 벌어지고 있는 사건과 사고의 원인을 간략하게 몇 개로 추려 내놓아야 한다. 그러면 다른 수많은 원인과 사건과 원인들 사이에 발생한 상호작용 및 반작용은 모두 침묵 속에 묻힌다. (강화 효과와 완화 효과가 동시에 일어난다.) 그렇게 뉴스 소비자들은 세상을 실제보다 더욱 단순하게 보게된다.

뉴스 보도의 길이가 짧을수록 위험은 더 커진다. 뉴스 대신 특정 주제와 관련된 책이나 다큐멘터리 같은 자료를 본다면 당신은 한층 현실적인 시선으로 사건의 맥락을 이해할 수 있다. 또한 미래를 단순하게 여기는 환상에 빠질 일도 없을 것이다.

말은 쉽지만 행동으로 옮기기는 어렵다. 인간의 뇌는 가능한 한 단순하고 빠르게 '하나의 결론에 이르는' 이야기를 갈망하기 때문이다. 그 이야기가 실제와 상응하는지 여부는 중요하지 않다. 뉴스 기자들은 우리의 요구에 부합하는 '사이비' 기사를 적극 제공한다. 예를 들어 '주식시장이 1퍼센트 하락했다'고 알리는 대신 'X 때문에 시장이 1퍼센트 하락했다'고 보도하는 식이다. 이 X는 대부분 오래전부터 우리에게 잘 알려진 요인들로 채워진다. 소득의 변화, 유로화 가치 하락, 노동 시장 통계, 중앙은행의 기준금리 결정, 테러 공격, 지하철 노조의 파업, 두 나라 대통령의 만남 등. 늘 보던 단어들이 X의 자리에 온다. 그러나 실상은 다르다. 이 세상에서 어떤 한 사건을 야기한 단 하나의 X는 존재하지 않는다. 뉴스의 축소화로 인해 뉴스는 스스로 거짓 논증이 불가피한 지경에 이르게 되었다.

이는 내가 김나지움gymnasium(독일의 중등 교육기관으로 중고등학교에 해당하는 과정)에 다니던 시절을 떠오르게 한다. 당시 독일 역사 교과서는 프랑스혁명이 발발한 원인을 3가지로 꼽았다. (둘도 일곱도 아닌, 딱 3가지 원인만을 소개했다.) 그 3가지가 무엇이었는지는 정확히 기억나지 않는다. 하지만 기억 못 해도 상관없다. 역사책에 소개된 원인은 혁명이 일어난 실제 원인의 단편적인 사실에 불과하기 때문이다. 실질적인 원인을 모두 명확히 아는 사람은 아무도 없다. 우리는 프랑스혁명이 왜 일어났는지 확실하게 알 수 없다. 여기에 더해, 왜 하필 1789년에 벌어졌는지를 정확히 알기란 더욱 어렵다.

마찬가지로 증시가 왜 상승하는지, 어떤 이유들 때문에 지금 상승하고 있는지를 확실히 알 수는 없다. 증시 상승이라는 하나의 현상 안에 너무도 많은 요소가 작용하기 때문이다. 어떤 전쟁이 왜 발발했는지, 어떤 기술의 약진이 왜 일어났는지, 또는 축구 경기에서 바르셀로나가 왜 마드리드를 이겼는지 등의 이유는 분명하게 말할 수 없다. '시장이 X 때문에 이만큼 상승했다'거나 '어느 기업이 Y 때문에 파산했다'고 쓰는 기자는 어리석은 바보거나 아니면 독자를 속이려는 의도가 다분하다. 물론 X와 Y가 영향을 미쳤을 수도 있다. 그렇지만 훨씬 더 큰 영향을 미쳤을지도 모를 다른 원인들을 제외하고 오직 X와 Y의 영향력만을 증명할 수는 없다. 뉴스 보도는 주로 '분석'된 자료라는 이름으로 팔리지만 사실 그저 일화에 지나지 않는다.

쉬운 방식으로 세상을 해석하려드는 뉴스의 유혹을 뿌리쳐야 한다. 완전히 틀린 접근 방식이기 때문이다. 짧고 단순한 뉴스의 유혹에 빠지면, 세상을 진정으로 진지하게 바라보며 고찰하는 길로부터 멀어진다. 더불어 세상의 본질을 조금이라도 더 이해할 수 있는 기회를 빼앗긴다.

테이크아웃

뉴스 소비자들은 세상을 실제보다 더욱 단순하고 쉽게 해석할 수 있다는 환상에 현혹된다. 짧은 소식에 들어 있는 가짜 논증을 받아들이는 대신 깊이 사고하기를 바란다.

실체 없는 인플루언서의 명성

유명인이 누구인지를 보면 그 사회 구성원들의 수준을 알 수 있다. 인류 진화의 역사를 살펴보면, 과거에는 업적이나 권력과 직결된 인물에게 명성이 주어졌다. 아리스토텔레스, 아우구스티누스, 루트비히 판 베토벤, 아이작 뉴턴, 찰스 다윈, 마리 퀴리, 그리고 알베르트 아인슈타인 같은 인물들은 모두 본인의 능력으로 명성을 얻었고 황제, 왕, 교황의 경우 권력을 통한 명예를 누렸다.

안타깝게도 오늘날 뉴스의 영향력이 커지면서 정체가 묘한 인물들이 갑자기 등장해 유명해지기 시작했다. 이전에 한 번도 들어본 적 없는 유명인, 이른바 셀러브리티(이하 셀럽)라 불리는 사람들이 사회 구성원들의 관심을 한껏 받으며 명예를 누리게 된 것이다. 오늘날 매체들은 토크쇼 사회자, 스포츠 방송 진행자, 슈퍼모델 혹은 유튜버에게도 이유를 붙여 '셀럽'이라는 칭호를 부여한다. 그런 식으로 명성과 업적 사이의 관계에 구멍이 나고 가짜 명성이 생겨난다. 이 유명인은 소위 '자기 언급' 시스템의 산물이라 할 수 있다. 쉽게 말해 셀럽이 셀럽인 이유는 그가 셀럽이기 때문이다. 그녀 또는 그가 어떻게 셀럽이 되었는지는 무척 빠르게 잊혀진다. 게다가 뉴스라는 혼잡한 서커스 속에서는 그들이 셀럽이 된 이유가 전혀 중요하지 않다.

뉴스 매체가 출현하기 전에는 능력이나 권력이 아닌 다른 이유로 명성을 얻어 유명해진 사람을 찾아보기 어려웠다. 기껏해야 심각한 범죄자 한두 명이 전부였다. 물론 사기꾼과 관심 중독자들은 어느 시대에나 있었다. 그러나 이들의 영향력을 확산하는 뉴스 매체는 없었다. 오늘날 뉴스 매체들은 셀럽들이 자라날 수 있는 온상을 제공하고, 셀럽들은 그렇게 키워진 유명세로 수익을 올린다. 다른 이유 없이, 그저 유명하다는 이유로 부를 축적하는 것이다.

도널드 헨더슨이라는 이름을 들어본 적 있는가? 그는 세계보건기구WHO에서 천연두 박멸 프로젝트팀을 이끈 의사다. 천연두는 수천 년 전부터 가장 위험한 전염병 중 하나로 여겨졌는데, 특히 전염 가능성과 치사율이 높아 악명이 자자했다. 헨더슨은 철저한 예방 접종 및 퇴치 프로그램을 지휘하여, 다들 실현 불가능

할 거라 생각했던 일을 해냈다. 천연두 바이러스를 박멸한 것이다. 인체에 치명적인 역병이 완전히 박멸된 경우는 천연두가 유일하다. 의료 역사에 길이 남을 성공 사례다. 모든 영광과 명예가 헨더슨에게 쏟아졌다. 1986년 그는 미국 대통령이 수여하는 '국립과학훈장'을 받았으며, 2002년에는 미국 최고 훈장인 '대통령자유훈장'을 받는 영예를 차지했다. 역병을 퇴치한 이후 그는 존스홉킨스대학교에서 공중보건대학 학장을 역임하며 활발하게 활동했다. 하지만 미국에서 최상위권에 위치한 세계적인 의대에서 활동을 이어갔음에도 그의 이름은 뉴스 매체에서 좀처럼 찾아보기가 어려웠다. 왜 그랬을까?

유명 인사를 대하는 뉴스 매체의 특성 때문이었다. 헨더슨은 '단지' 훌륭한 업적이 있을 뿐, 그 밖에 보여줄 것이 없었다. 말솜씨가 현란한 것도 아니며, 스타일이 멋지지도 않았다. 따라서 그를 조명하려면 전염병 같은 심각한 주제 하나에만 집중해야 한다. 이는 상당히 고된 작업이지만 대중의 이목을 끌기는 어렵다. 그래서 매체들은 헨더슨에 대해 무관심으로 일관했다.

뭔가 가치 있는 업적을 올린 사람들이, 사소한 이유로 유명세를 탄 셀럽들에 가려져 매체의 관심에서 밀려나는 건 참으로 유감이다. 신문의 지면과 텔레비전 프로그램, 그리고 블로그와 트위터가 보다 많은 셀럽들로 채워질수록 헨더슨 같은 인사들을 다루는 보도가 설 공간은 줄어든다. 이른바 구축驅逐, crowding out 효과가 일어나는 것이다. 구축은 경제학에서 주로 사용하는 용어로 무언가를 몰아낸다는 뜻이다. 정부의 재정 지출이 확대될수록 민간의 소비와 투자가 감소, 즉 구축되는 것처럼, 셀럽을 다루는 지면이 늘어날수록 본인의 능력으로 중요한 성과를 이룬 인물들은 지면에서 밀려난다.

뉴스 매체들은 명성과 업적 사이를 이었던 끈을 끊어버렸다. 뉴스를 소비하면 당신은 가짜 뉴스와의 싸움에서 패배할 뿐 아니라, 가짜 명성과의 싸움에서도 지게 된다. 굳이 이 싸움에 가담할 이유는 없다.

테이크아웃

가짜 명성은 가짜 뉴스만큼이나 나쁘다. 당신이 뉴스를 소비하면 가짜 명성이 드높아진다. 이는 당신 개인뿐 아니라 사회 전체에 결코 득이 되지 않는다. 뉴스가 가짜 명성을 얻은 사람들로 채워질수록, 정말로 소중한 업적을 이뤄낸 인사들은 인식에서 밀려나기 때문이다.

'올해의 순위'에 평범한 사람을 위한 보도는 없다

내가 어디쯤에 위치하는 작가인지 나는 정확히 알고 있다. 인터넷 서점에는 주간 베스트셀러 목록이 있고, 수많은 독자가 별점을 매긴다. 각 문학상마다 후보들의 목록과 최종 명단이 공표되며, 문학상에도 피라미드처럼 등급이 있다. 〈키케로Cicero〉라는 정치 전문지는 매년 독일어권에서 영향력이 큰 지식인들을 순위를 매겨 발표한다. 인터넷 종합 쇼핑몰 아마존에는 현재 판매 순위가 있다. 온라인 비평 사이트에는 악평이나 칭송이 즐비하다. 소셜 미디어에는 '좋아요'와 '팔로워' 기능이 있다. 마음만 먹으면 작가로서 나의 위치를 매초마다 훤히 들여다보며 추적할 수 있다. 이처럼 과도하게 비교와 대조가 이루어지는 이 세계를 받아들일 수 없다면 나는 직업을 잘못 택한 것이다.

물론 작가는 극단적인 사례다. 위계질서가 이렇게 투명하게 드러나는 분야는 극히 드물다. 그렇다고 내 직업에 불만이 있는 건 아니다. 사실 모든 직업인이 위계질서 속에 산다. 건축가, 건설업자, 보험 설계사, 은행원, 그리고 요리사의 세계에도 서열이 있다. 그리고 사람들 대부분은 자신의 위치 변화에 극도로 민감하게 반응한다. 왜 그럴까?

인간은 약 5천여 종의 포유동물 가운데 하나다. 임신과 수유 기간 동안 포유동물의 암컷은 더 나은 수컷일지도 모를 누군가와 짝을 지을 수 없다. 이는 엄청난 기회비용이다. 그래서 포유류의 암컷은 짝지을 대상을 신중하게 결정한다. 게다가 대부분의 포유동물과 달리 인간은 출생 이후 누군가가 보호와 교육 그리고 영양을 제공해줘야 생존할 수 있다. 이런 이유로 자원에 대한 접근성은 암컷이 수컷을 선택하는 핵심 기준이 된다. 이른바 '사랑에 빠지는' 메커니즘은 위계질서에 기초한 선택 과정이 진화한 결과물이다.

자원 접근성이 높은, 즉 지위가 높은 대상을 짝으로 삼으려는 경향은 남성에겐 지위에 대한 잠재적 불안으로 작용한다. 유전자의 절반은 아버지로부터 온다. 지위를 향한 여성의 욕망 또한 뿌리깊은 본능에 가깝다. 여기에 더해 외모나 젊음 등 다양한 특성을 바탕으로 또다시 피라미드가 세워진다.

그렇게 해서 우리는 모든 영역에 위계질서를 조직했다. 직업, 군대, 교회, 스포츠, 이웃 관계, 그리고 놀이터에도 위계질서가 존재한다. 우리는 이 모든 위계질서에서 벗어날 수가 없다. 아마 당신은 지금쯤 이런 생각을 할 것이다. 그래서 뭐?

지위의 변화는 그저 감정의 문제만이 아니다. 유니버시티 칼리지 런던의 마이클 마멋 교수에 따르면, 사회적 지위가 낮은 사람들은 질병에 쉽게 노출되며 우울증에 자주 시달리고 사망률도 높다. 다시 말해 지위는 신체 건강에도 크게 영향을 미친다.

그렇다면 여태까지 다룬 내용은 뉴스와 무슨 관계가 있을까? 간단하다. 뉴스는 과도하게 높은 수준의 성공과 아름다움을 보도하여 이미 존재하는 자연의 잔인한 위계질서를 한 차례 더 세분화함으로써 더욱 가혹하게 위계질서를 만든다. 이를테면 매년 발표되는 부자 순위는 보통의 백만장자에겐 그리 반가운 소식이 아닐 것이다. (스위스에는 '〈빌란츠Bilanz〉지가 선정한 300대 부자 명단'이, 독일에는 '〈매니저 마가친Manager Magazin〉 지가 뽑은 독일 최고 부자 순위'가, 그리고 미국에는 '〈포브스Forbes〉지가 선정한 세계 500대 부자 순위'가 있다.) 하물며 백만장자가 아닌 우리는 어떻겠는가. 한 해를 마무리한답시고 '올해의 경영인', '올해의 기업가', '올해의 스포츠인', '올해의 광고인', '올해의 예술가', '올해의 대중 가수', '올해의 정원사' 등을 꼽

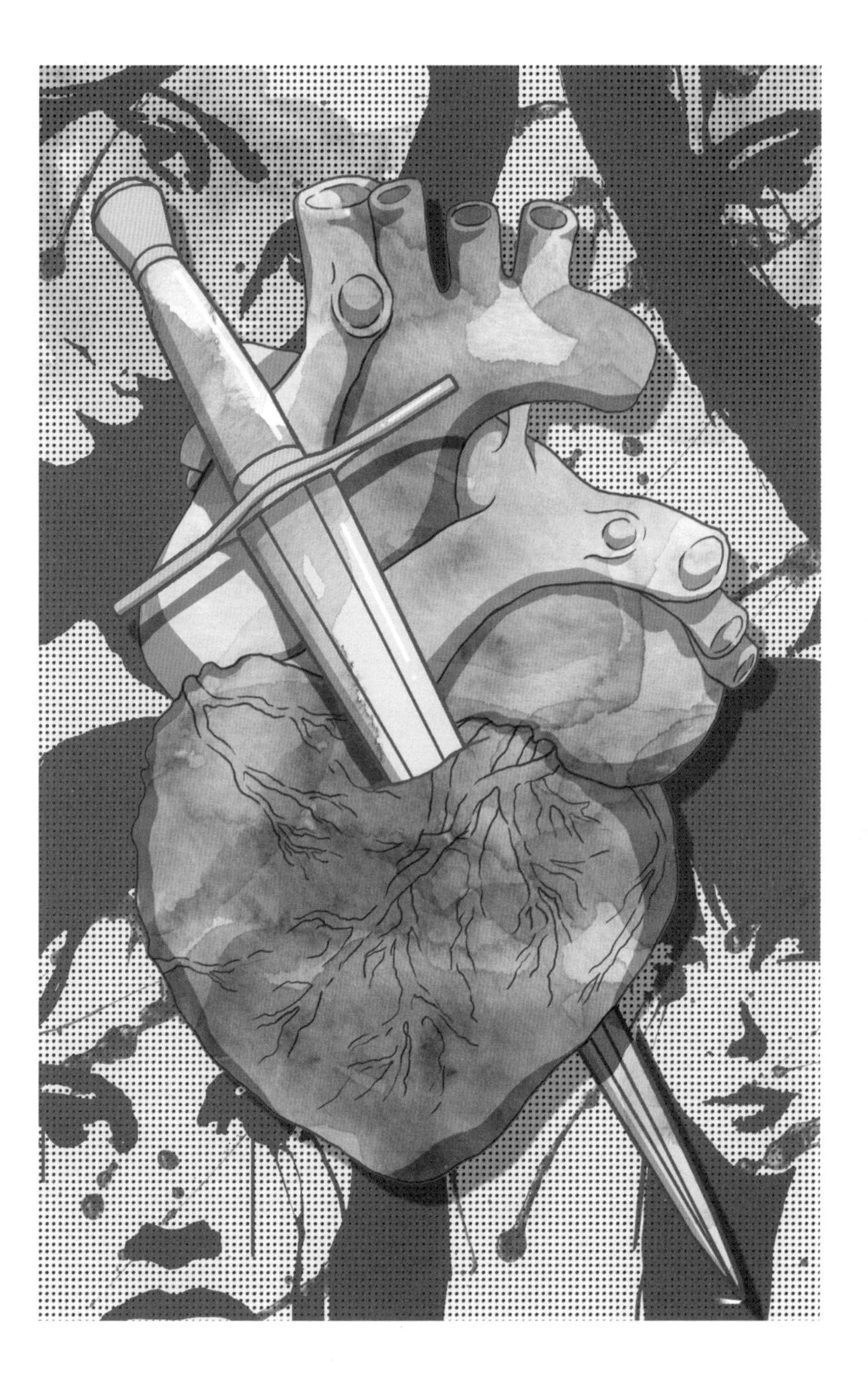

으면, '보통의' 경영인이나 기업가 그리고 스포츠인 등등의 몸에선 본인도 모르는 사이에 해로운 스트레스 호르몬이 넘쳐흐른다. 젊고 아름다운 모델들의 행렬은 '보통의', '평범한' 사람들의 마음에 상처를 남긴다. 뉴스가 부가하는 위계질서는 다수에게 부정적인 영향을 끼치며, 신체적 건강에도 전혀 유익하지 않다.

그럼에도 매체들은 사회적 계급을 세분화하여 확대하는 일을 계속한다. 심지어 지능검사 그래프의 저 끄트머리에 위치한 불운한 사람, 못난 사람, 패배자, 실패자, 사이코패스 등을 보도하기도 한다. 이런 기사는 우리 같은 '보통' 사람들이 남몰래 안도의 한숨을 쉬며 환호할 거리가 될 수도 있다. 하지만 심리적으로 보면 불행은 안도감보다 2배나 더 강한 힘을 지닌다. 사회의 끄트머리에 속한 이들과 비교하면 우리가 상대적으로 더 높은 위치에 있는 건 사실이다(안도). 그러나 빌 게이츠나 샤를리즈 테론과 비교하면 우리는 그들보다 한참 아래에 위치한다(불행). 위를 보고 느끼는 불행감은 아래를 보고 느끼는 안도감보다 곱절로 강력하다. 그러므로 더하기 빼기를 아무리 해보아도, 뉴스를 소비한 효과는 우리 내면의 평정에 마이너스일 뿐이다.

요약하면, 뉴스 소비는 범위를 넓혀 온 우주를 경쟁자들의 소굴로 만든다. 뉴스로 인해 우리는 상관없는 사람들과 스스로를 비교하게 된다. 그 결과 우리는 실제보다 더 작고 초라해진다. 물론 뉴스를 보고도 흔들림 없이 이성적으로 대처할 수도 있다. 하지만 우리 인간은 그럴 수 없다. 감정이 이성을 앞서면서 호르몬과 신체의 변화가 따라오기 때문이다. 스트레스 수치가 올라가고, 세로토닌 수치는 떨어진다. 뉴스를 소비하는 한 의기소침하게 고개를 떨구고 무기력하게 발을 질질 끌며 돌아다니는 삶을 지속하게 될 것이다. 그렇지 않아도 고된 인생을 더욱 힘겨운 지경으로 몰아붙이는 셈이다. 웃음만 나오는 어리석은 뉴스 소비와 어처구니없는 지위 경주에서 발을 뺄 수 있는 최적의 시간이 바로 지금이다.

테이크아웃

우리는 위계질서 속에 살고 있다. 그 안에서 우리가 차지한 위치는 몸의 호르몬 분비와 감정에 영향을 미친다. 뉴스는 국소적 위계질서에 '전 지구적' 범위의 위계질서를 부여한다. 우리를 내리누르며 삶에 부정적인 영향을 끼치는 두 번째 위계질서는 당신의 삶에 필요가 없다.

제대로 된 저널리즘이 작동하지 않는다

좋은 기자는 사실을 점검하고, 복잡한 사안의 핵심을 이해하기 쉽게 기사로 옮긴다. 문제를 끝까지 취재하고, 기사를 쓰는 데 많은 시간과 노력을 기울인다. 하지만 모든 기자가 그런 것은 아니다. 오히려 함량 미달의 기사를 쏟아내는 언론인이 다수다. 수많은 기자가 인터넷 어딘가에서 찾은 피상적인 정보를 덧붙여 기사를 작성한다. 몇몇 기자는 홍보 기사를 쓰거나, 이미 보도된 기사와 내용이 다르지 않은 기사를 추가 취재 없이 내보내기도 한다. 물론 시간이 부족해서 그럴 수도 있다.

이들 대부분은 이른바 '스킨 인 더 게임Skin in the game'이 부족하다. 스킨 인 더 게임이란 '어떤 일에 직접 관여해 그로 인한 영향을 받는 행위'를 뜻한다. 다시 말해 위에서 지적한 언론인들은 자신이 책임을 안고 현실에 발을 담그려는 자세가 결핍돼 있다. 어떤 기자가 사실을 제대로 확인하지 않은 기사를 쓰더라도 그에게 불이익이 돌아가지는 않는다. 가끔 화가 난 독자의 댓글이나 이메일을 받을 수는 있으며, 심각하게 잘못한 경우에는 편집장에게 질책을 들을 수도 있다. 하지만 웬만하면 아무런 일이 일어나지 않을 공산이 크다. 그가 쓴 잡동사니는 다른 소식들에 휩쓸려 이내 모두의 관심에서 밀려날 것이다. 이는 기업가나 투자가와 비교하면 너무도 다르다. 투자가의 잘못된 결정은 고객의 은행 계좌에 직접적으로 영향을 미치며, 기업가의 잘못된 전략은 기업을 순식간에 파산 직전으로 만들 수 있다.

단지 기자들의 잘못 때문에 언론이 형편없는 것은 아니다. 내 지인의 상당수는 기자나 편집자 또는 편집장으로 일하고 있다. 이들은 내가 아는 사람들 중 가장 지적이고 훌륭하다. 그들은 교육 수준이 평균 이상이고 매우 똑똑하며, 도덕적인 이유로 저널리스트라는 직업을 선택했다. 즉 세상을 조금이라도 정의롭게 만들고 싶은 마음에 언론인이 된 것이다. 문제는 이런 사람들이 본인의 실력보다 한참 떨어지는 결과물을 내놓게 된다는 것이다. 대다수 언론인들이 이를 공개적으로 시인하는 일은 결코 없을 것이다. 아무리 최고의 인재라 해도 시간이 부족하면 어쩔 도리가 없다. 이들은 탐사 취재에 쏟을 시간이 없다. 깊이 사고하거나 사

건을 샅샅이 파헤치며 조사할 시간이 없다. 복잡한 사안을 설득력 있게 설명할 기사를 담을 자리가 없다. 모든 언론인에게 가해지는 중압감은 점점 높아졌다. 많은 언론사가 기자에게 높은 조회 수와 '좋아요'를 겨냥한 기사를 써낼 것을 요구한다. 거기에 더해 수많은 기사를 쏟아내야 한다. 이런 식으로는 질 좋은 기사를 써내기란 불가능에 가깝다. 그러므로 기자들은 피상적으로 업무를 진행하는 수밖에 없다.

뉴스의 요란한 소음 때문에 자신의 감각이 둔해졌다는 사실을 알아차리는 소비자는 극히 드물다. 언론인들 또한 당연히 모른 체한다. 사기 행각이 발각될까 두려워하는 사기꾼처럼 불안감이 언론 분야 전반에 퍼져 있고 언론인들은 우울이나 냉소에 시달린다. 상당수 언론인들이 분야를 옮겨 기업 홍보 팀에서 새 직업을 찾는 이유를 짐작할 수 있는 대목이다. 스트레스는 훨씬 적고 임금은 더 많으면서 규칙적인 업무 시간이 보장된 일을 원하는 것이다. 더 나은 세상을 만들겠다는 기존의 목표에는 부합하지 않더라도 말이다

2015년 미국의 취업 정보 사이트인 커리어캐스트는 200개 직종을 대상으로 업무 환경, 스트레스, 소득, 그리고 미래 전망 등을 토대로 평가한 결과를 발표했다. 과연 어떤 직업이 최하위를 차

지했을까? 바로 신문기자다. 심지어 벌목꾼과 군인을 제치고 최악의 직업으로 꼽혔다.

그렇다고 모든 비난을 언론사들이 받아야 하는 건 아니다. 언론이 이렇게까지 망가진 원인으로 언론사들의 구조적인 문제 외에도 이들을 통해 광고 수익을 얻으며 경영 기반을 흔드는 구글, 페이스북 그리고 아마존 등의 거대 기업들을 빼놓아선 안 된다. 소비자들이 이들의 플랫폼에서 생의 일부를 낭비한 덕에 이 거대 기업들은 큰 성공을 거두었다. 언론인도 지금과 같은 비참한 상황에 책임이 있다. 뉴스 소비자인 우리의 행동도 바닥으로의 경쟁을 초래했다. 바닥까지 낮은 수준으로 치닫는 이 경쟁에서 지지 않는 유일한 방법은 경쟁에 참여하지 않는 것이다. 이 책의 독자 여러분뿐 아니라 저널리스트인 내 친구들에게도 이 방법을 권하고 싶다.

진정한 언론인의 자세를 유지하고 싶다면, 현재의 뉴스 저널리즘과 작별을 고해야 한다. 진정한 요리사가 되려는 사람은 맥도날드에서만 경력을 쌓으려 애쓰지 않는다.

테이크아웃

오늘날 뉴스 기자들은 절대로 이겨낼 수 없는 시스템에 사로잡혀 있다. 기자들이 아무리 뛰어나더라도, 지금과 같은 뉴스 저널리즘 속에선 형편없거나 무의미한 결과물만을 내놓게 된다. 그러므로 짧고 무의미한 뉴스 기사를 멀리하라. 그러면 불현듯 최고의 기량을 가진 저널리스트들이 별처럼 반짝이는 모습을 보게 될 것이다.

뉴스 조작의 배후와 300억 달러 규모의 PR 산업

뉴스의 초기 형태는 어떤 모습이었을까. 중세로 거슬러 올라가 살펴보면, 구두로 전해지는 소식이었다. 당시만 해도 우편제도가 없었기 때문에 대부분의 소식은 전달자를 통해 직접 전달됐다. 작은 마을을 이루고 살았던 중세인들은 소식을 전하는 전달자의 배경을 알고 있었다. 소식의 신빙성은 전달자에 대한 신뢰로부터 비롯됐다.

하지만 오늘날에는 편파적이지 않고 진실에 입각한 뉴스를 구별하고 발신자의 숨은 의도를 파악하기가 훨씬 어려워졌다. 현재 PR 산업은 거대한 규모를 자랑한다. 개발자 출신의 인터넷 매체 운영자 클레이 존슨은 "미국에서 한 명의 기자당 네 명 이상의 홍보 전문가가 붙는다"고 말했다. 전 세계적으로 PR 산업은 매년 150억에서 300억 달러(한화 약 18조~36조 원)의 매출을 올리고 있는데, 이는 언론과 소비자가 자기도 모르는 사이에 그만큼 영향을 받고 있다는 말이다. 아주 성공적으로 말이다.

투자 대비 돌아오는 수익률이 적다면 기업이 그렇게나 많은 비용을 홍보 활동에 쓰지 않을 것이다. 언론인을 교묘하게 다룰 수 있는 PR 전문가가 평범한 뉴스 소비자인 당신을 속이는 것은 쉬운 일이다. 다시 말해 힘 있는 조직에 대해 의심을 품는 게 직업인 기자들조차 속이는 PR 전문가의 손에서 우리는 벗어날 수 없다는 말이다. 당신은 예외일 수 있다고 생각하는가? 그러기는 무척 어려울 것이다.

쿠웨이트 출신의 소녀 나이라의 이야기를 예로 들어보자. 걸프전이 일어나기 직전인 1990년 10월, 당시 15세였던 나이라는 미국 의회 인권위원회가 주관한 청문회 자리에 섰다. 쿠웨이트의 병원에서 자원봉사를 했다는 그녀는, 이라크 군인들이 병원에 난입해 수많은 신생아를 죽이는 장면을 목격했다고 증언했다. 이후 거의 모든 매체가 그녀의 목격담을 보도했다. 미국의 여론은 무섭게 끓어올랐다. 이 목격담은 이라크 공격에 부정적이었던 여론을 돌아서게 했다. 그 결과 미 의회는 과반 이상의 찬성으로 이라크 공격을 승인했다.

하지만 당시 모든 매체가 믿고 보도했던 나이라의 증언은 훗날 철저하게 계획된 조작임이 밝혀졌다. 쿠웨이트 정부가 주도한 전쟁 선전의 일환이었으며, 나이라는 주미 쿠웨이트 대사의 딸이었다. 이 선전은 세계적인 홍보 회사가 오랫동안 기획하고 진행한 일이었다.

오늘날 나이라 사건은 가짜 뉴스의 전형으로 불린다. 선전, 즉 프로파간다는 전혀 새롭지 않다. 활판 인쇄가 등장하면서부터 갑자기 대량의 전단이 이리저리 흩날리기 시작했고, 그때부터 사람들은 가짜 뉴스와 싸워야 했다. 미국의 소설가 업튼 싱클레어는 이미 1백 년도 전에 이런 말을 남겼다. "매일 신문을 읽는 당신은 진실을 읽는 것인가 아니면 프로파간다를 읽는 것인가?"

하지만 오늘날 우리는 완전히 새로운 2가지 상황에 직면했다. 하나는 가짜 뉴스가 헤아릴 수 없을 만큼 많아졌다는 사실이다. 선전용 전단지 인쇄는 어느 정도 비용이 들지만, 디지털 가짜 뉴스는 만들고 배포하는 데 비용이 거의 들지 않는다. (구글이나 페이스북에서 상위에 노출시키기 위해 지불하는 비용은 예외로 두자.) 두 번째는 요즘의 가짜 뉴스는 마이크로타겟팅을 통해 각각의 소비자에게 완벽하게 들어맞도록 생산되고 제공돼 굉장한 설득력을 지닌다는 점이다.

머지않아 가짜 뉴스 생산에 더 이상 인간이 필요하지 않은 시

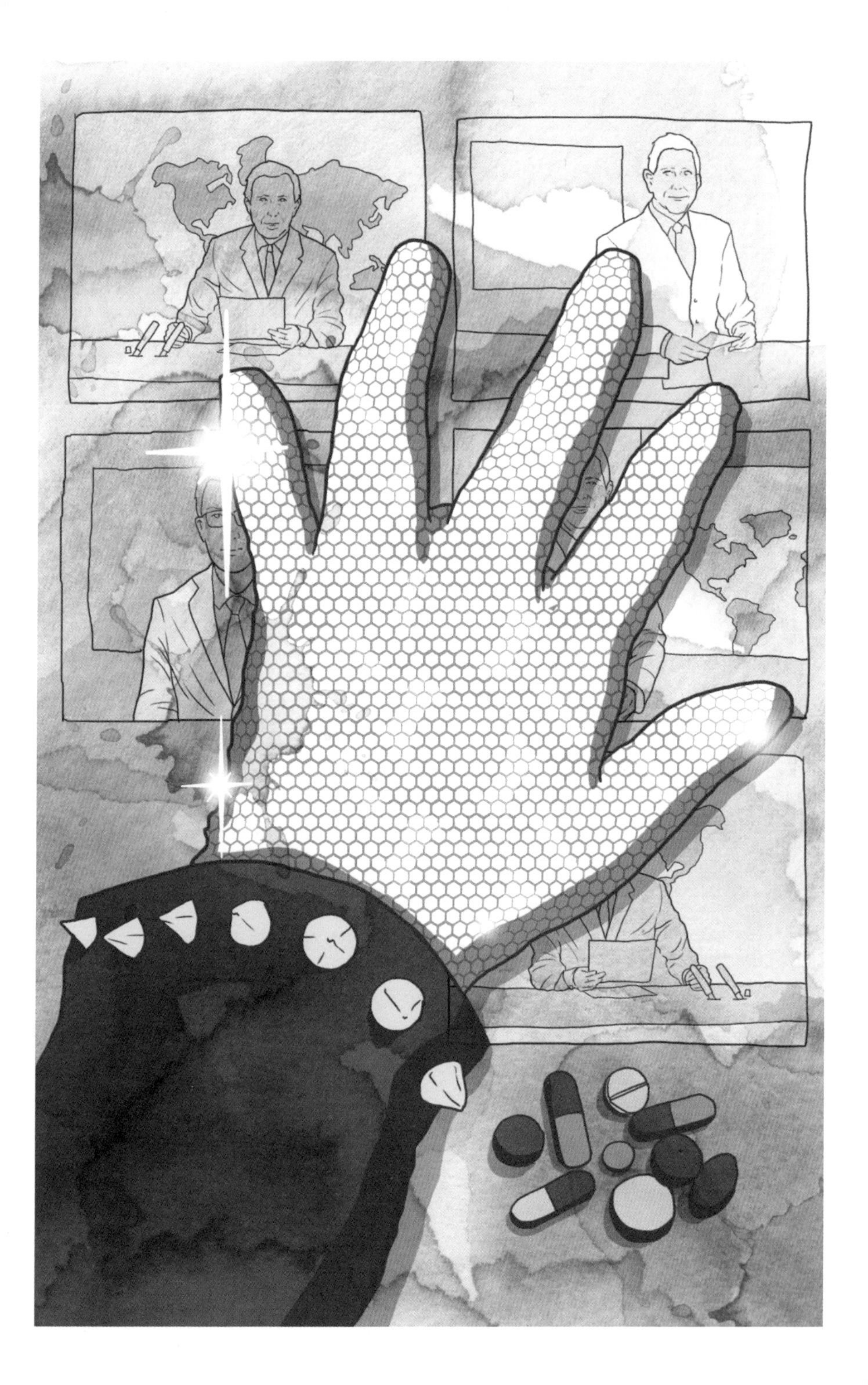

대가 올지도 모른다. 실제로 최근엔 뉴스 기사를 스스로 작성할 수 있는 똑똑한 컴퓨터 프로그램들이 활동을 시작했다. 이 프로그램은 소비자의 구미에 보다 알맞은 뉴스를 자동으로 생산할 것이다. 그러면 뉴스에 비판적인 시각을 고수하는 일은 거의 불가능해질지도 모른다. 그렇게 생산된 뉴스가 진실에 부합하는지는 언론에 부차적인 문제다. 많은 언론사 경영진에게는 그저 조회수를 올려 광고 수익을 얻는 일이 중요하다.

프로그램을 통한 자동 생산은 단신 기사와 포스트나 트윗에 그치지 않는다. 이제 컴퓨터는 사진과 동영상 클립도 만들어내며, 심지어 무에서 유를 창조하기도 한다. 마치 실제 동영상처럼 대통령의 목소리와 표정 그리고 몸짓까지 완벽하게 구현한 조작 영상도 가능한데, 이런 자동 생성된 뉴스에 정통한 사람이 아니면 쉽게 식별할 수 없다. 아마 몇 년 뒤엔 인공지능만이, 인공지능이 생산한 기사와 그렇지 않은 기사를 분간할 수 있을 것이다.

온통 뉴스로 만연한 늪지대에서는 뉴스가 버섯과 같아진다. 몇몇은 먹을 수 있고, 몇몇은 독이 있다. 거짓 기사들 틈에서 진실을 분별하기는 점점 더 어려워질 것이다. 여기에 더해 기반이 확고한 뉴스 생산 조직들은 계속해서 더 많은 애드버토리얼 Advertorial(기사 형식을 빌린 광고로 일종의 협찬 기사)과 네이티브 광고

Native advertising(해당 사이트의 특성에 맞게 기획, 제작된 광고)로 전면을 꾸미고 있다. 이를테면 편집된 기사처럼 보이도록 위장한 홍보 글을, 돈을 받고 뉴스 사이트에 올리는 것이다. 연구에 따르면 이미 우리는 인터넷 이용자와 조회 수의 50퍼센트 이상이 가짜인 세계에 살고 있다. 교묘한 조작으로부터 스스로를 보호하려면 뉴스 소비를 완전히 끊는 길이 최선이다.

더불어 가짜 뉴스를 끊으면 상당한 분량의 광고 더미에서 벗어날 수 있다. 광고는 뉴스와 함께 제공될 때 효과가 높다. 그래서 광고주들은 뉴스를 선호하며, 다수의 광고들은 뉴스와 함께 전달된다. 엄밀히 따지면 이 또한 조작과 다를 게 없다. 광고의 목적은 우리에게 필요하지 않거나 우리가 경제적으로 감당할 수 없는 상품을 어떻게든 파는 것이다. 정말 필요하고 값을 치를 능력이 있는 물건이라면 광고가 아니더라도 우리는 살 것이다. 광고는 뉴스와 마찬가지로 불필요하다. 그러니 얼른 발을 떼자.

테이크아웃

더 늦기 전에 뉴스의 늪에서 빠져나오자. 이 늪은 반쪽짜리 진실, 극단적 의견, 간접 광고PPL, PR, 프로파간다 그리고 광고로 가득하다.

헛소리를 걸러내는 필터 버블의 상실

시어도어 스터전은 1950~60년대에 미국에서 가장 활발하게 활동한 공상과학 작가 중 한 사람이었다. 그가 쉬지 않고 작품을 쏟아내자 성공과 함께 질투가 뒤따랐는데, 소설을 낼 때마다 그는 비평가들의 무례한 논평을 묵묵히 들어야 했다. 비평가들은 공상과학소설의 90퍼센트가 쓰레기 같은 잡동사니에 불과하다며 그의 작품을 혹평했다. 그러나 스터전은 말 그대로 '쿨한' 반응을 보였다. 그는 이렇게 응수했다. "맞다. 내가 발표하는 공상과학소설의 90퍼센트가 쓰레기이긴 하다. 하지만 장르를 불문하고, 세상에 발표되는 모든 것의 90퍼센트가 아무 쓸모없는 쓰레기다." 그의 대답은 스터전의 법칙Sturgeon's law이라는 이름으로 역사에 길이 남았다.

스터전의 법칙은 모든 분야에 해당되므로 뉴스도 예외는 아니다. 생각해보자. 누구의 관심도 얻지 못한 뉴스거리들 가운데 내용이 있는 경우는 과연 몇이나 될까. 보통은 내용은커녕 경멸과 혼란, 불쾌함과 저속함만을 담고 있을 뿐이다. 1백여 개의 핫도그를 15분 만에 먹어치우고는 병원에 실려가 결국 펌프질로 위를 비워낸 남자. 세차 비용을 아끼려고 차로 강물 속을 달리다 물에 빠진 남자. 개가 가방을 물어뜯었다고 독살한 여자. 학교 앞 통학로에 정기적으로 변을 보는 경찰. (읽기 거북했을 독자 여러분에게는 정말 미안하지만, 모두 실제 사례다.)

앞에서는 뉴스가 우리와 무관하고 사소하다고 이야기했다. 뉴스가 우리와 무관하다는 말은, 뉴스 소비가 내 삶을 위한 나은 결정으로 이어지지는 않는다는 뜻이다. 심지어 더욱 나쁜 결정을 내리도록 이끌기도 한다. 그런데 스터전의 법칙은 그 이상이다. 스터전의 법칙대로라면 뉴스는 계속해서 더 많은 사회적 화장실을 생성하고 있다. 기본적으로 우리는 언론에 기대하는 바가 있다. 즉 독자나 시청자를 위해 헛소리를 걸러내는 필터 기능을 담당해주기를 기대하고 바란다. 하지만 현실은 정반대다. 오히려 뉴스 매체가 헛소리를 지속적으로 만드는 주체다. 필터가 아니라 헛소리를 끌어모으는 자석 역할을 한다.

무의미하기만 한 허튼소리는 때로 누군가가 적극 지원하여 양

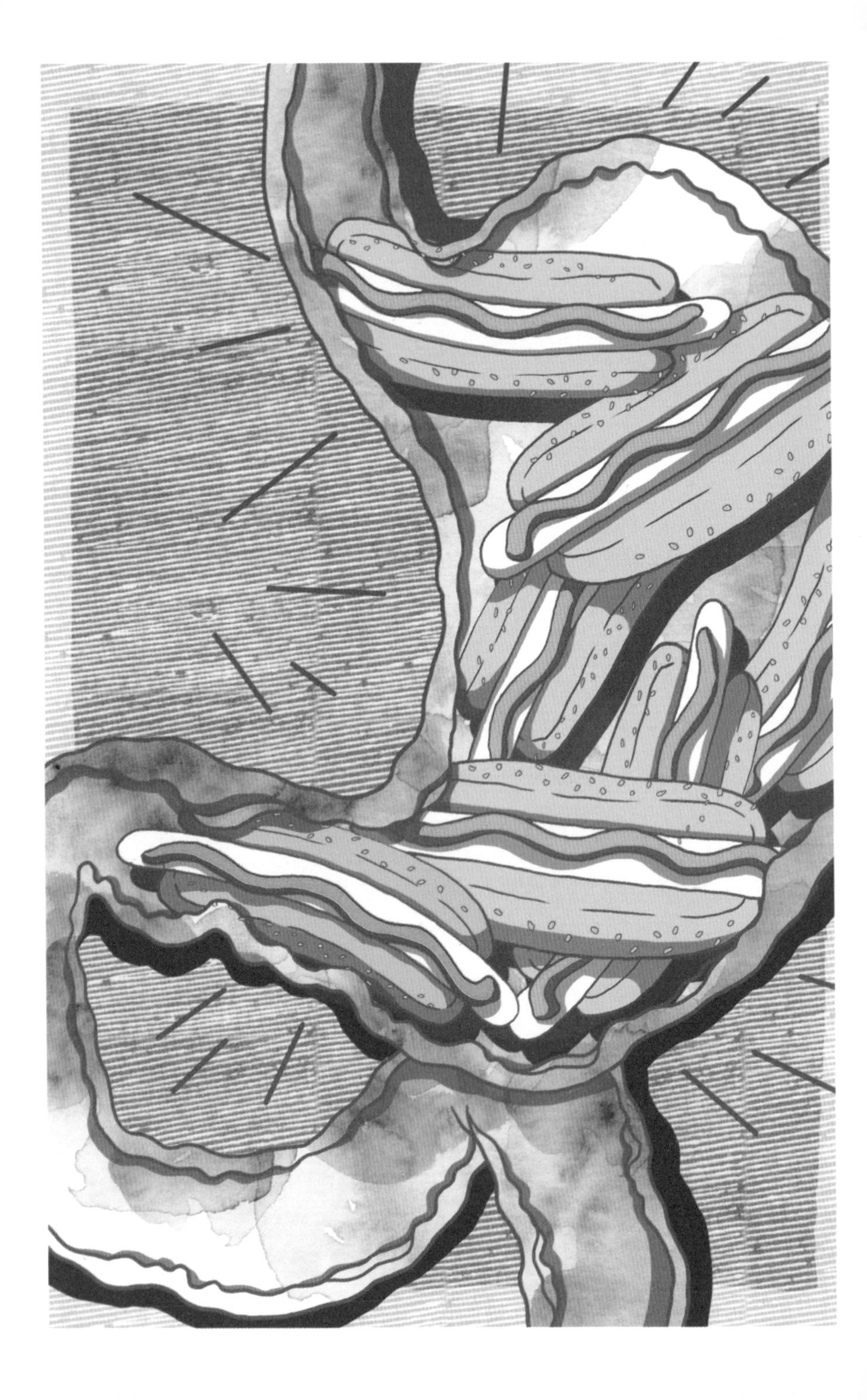

산된다. 잡동사니 생산에 적극 가담하는 행위자는 매체가 이 잡동사니를 탐욕스럽게 빨아들일 거라는 사실을 너무도 잘 안다. 이는 또 다른 누군가가 보다 많은 헛소리를 생산하도록 고무한다. "누구나 자신만의 자동 쓰레기 탐지기를 지녀야 한다." 노벨문학상 수상자 어니스트 헤밍웨이는 이미 반세기 전에 이렇게 권했다. 그의 소망은 불행히도 아주 먼 미래에나 실현될 것 같다.

당장 자동 쓰레기 탐지기가 어렵다면 자체 탐지기를 개인적으로 가동하면 된다. 그렇다고 모든 매체를 멀리할 필요는 없다. 모든 뉴스 매체가 쓰레기를 펴내는 건 아니라는 사실은 짚고 넘어가자. 예를 들어 〈뉴욕 타임스〉, 〈디 차이트Die Zeit〉, 〈노이에 취르허 차이퉁〉 또는 〈프랑크푸르터 알게마이네 차이퉁Frankfurter Allgemeine Zeitung, FAZ〉 등은 비교적 수준 높은 언론 매체다. 물론 이들이 전하는 기사도 대부분 우리의 인생과 무관하지만, 적어도 경멸을 일으키는 저속한 기사로 채워지지는 않는다.

그럼에도 불구하고 가능한 한 많은 쓰레기를 만들어 널리 퍼트리는 매체들의 수가 무서운 속도로 증가하고 있다. 특히 쓰레기를 생산해 전파하는 걸 비즈니스 모델로 삼은 무료 신문 및 온라인 매체들이 우후죽순처럼 늘어나고 있다. 이 매체들의 소유주가 유난히 저렴한 유머에 관심이 많아 그러는 건 아니다. 해당 편집자가 단순히 저급한 바보라서 그러는 것도 아니다. 그들은 본인이 하는 일을 정확히 알고 있다. 이들이 쓰레기를 발간하는 이유는 소비자들이 그 쓰레기를 클릭하고 가져가기 때문이다.

스터전의 법칙은 뉴스 매체가 전하는 내용뿐 아니라 전달하는 방식에도 해당된다. 매체는 사실과 주장, 의견과 간접 광고 등을 한데 뒤섞어, 보기만 해도 역겨워 싱크대에 쏟아버리고 싶은 칵테일을 만든다. 여기에 더해 몇몇 매체는 진지함을 가장한 알팍한 분노로 중요한 사안들을 가볍게 다룬다. 예컨대 신입 기자가 지정학적 상황이나 보건 정책 등의 사안에 대해 제대로 된 이해나 심층 조사 없이 그저 큰 목소리로 불만을 제기하는 분노의 저널리즘은 언론과 소비자에게 막심한 시간 낭비다.

맨 처음 스터전의 법칙을 들었을 때 나는 커다란 안도감을 느꼈다. 인류가 창조해낸 것들 대부분이 심사숙고의 결과물이며 모두 중요하고 가치 있다는 일종의 신념과 함께 성장한 나는, 뭔가 미숙하고 불완전한 일들이 나에게 벌어지면 언제나 나 자신에게서 잘못을 찾았다. 그러나 지금은 다르다. 1백여 개의 핫도그를 15분 만에 먹어치운 남자를 보고 내가 경멸을 느낀다면, 그건 내가 관용이 부족해서가 아니다. 문제는 나에게 있는 것이 아니라, 그런 기사를 실은 신문에 있다는 걸 이제 확실히 안다.

당신이 이 책을 선택했기 때문에, 나는 '우리'의 의견이 거의 일치할 거라 생각한다. 여러분 또한 앞에서 이야기한 어리석고 무의미한 일들에 경멸을 느낄 거라 확신한다. 그렇다면 우리는 어떻게 대처해야 할까? 방법은 하나뿐이다. 부디 이 세상을 쓰레기 없는 깨끗한 공간으로 정화하려는 시도는 꿈에라도 하지 말기를 바란다. 당신은 결코 성공할 수 없다. 이 세상은 당신이 상상하는 것처럼 그리 이성적이지 않다. 안타깝지만 사실이다. 그러므로 스터전의 법칙을 분명히 의식하고, 금욕과 합리를 중시하는 스토아적 태도를 받아들이라. 그럼 보다 나은 삶을 누리게 될 것이다.

테이크아웃

뉴스 매체들은 쓰레기를 발간함으로써 쓰레기의 양산을 지원한다. 저속한 뉴스를 소비하는 행위는 쓰레기를 양산하는 기계를 계속해서 돌아가게 만드는 셈이다. 부디 쓸데없는 것들에 시간과 에너지를 낭비하지 않기를 바란다. 대신 본인에게 유익하고 사회에 이로운 것들에 관심을 가져보자.

당신이 가진 건 '세계시민'이라는 환상

뉴스는 우리가 '전 세계'라는 울타리 안에 포함되어 있다는 따뜻한 감정을 부여하며 그 안에서 우리를 잠들게 한다. 그 울타리 안에서 우리는 모두 세계시민이다. 우리는 서로 긴밀하게 연결돼 있고, 동일한 이슈를 공유한다. 우리가 사는 이 행성은 작은 지구촌이며, 우리는 '위 아 더 월드We Are The World(우리는 하나)'를 부르며, 수많은 타인과 완벽한 화음을 만든다. 무수한 사람들과 연대하며 수천수만 배로 확장된 공감은 경이로운 기분을 선사한다. 여기까지 읽으면 전 세계가 손에 손을 잡고 하나가 될 것만 같은 착각이 든다.

하지만 지구촌을 하나로 아우르는 공감의 확장은 실현이 불가능하다. 모두를 포괄하는 전 지구적 연대감이라는 단어는 거대한 자기기만이다. 실제로 뉴스 소비는 우리를 다른 문화와 하나로 묶어주지 않는다. 우리가 서로 연결돼 있는 이유는 뉴스 덕분이 아니라, 실제 세상에서 연결돼 있기 때문이다. 나는 뉴스를 끊었다고 말할 때마다 다음과 같은 비난을 피할 수 없었다. "당신은 빈곤과 전쟁으로 인한 세상의 고통에 아무런 관심도 없고 동참하지도 않는군요."

이 비난에 대한 나의 대답은 이렇다. 첫째로, 내가 정말 동참해야 하는 걸까? 분명 지금도 다른 대륙 어딘가에서는 심각한 일이 벌어지고 있을 것이다. 그렇다면 나는 여기에도 관심을 쏟아야 할까? 우리가 마음을 쓰고 고통에 동참하며 관심을 쏟아야 하는 경계는 대체 어디까지일까? 가령 매체에서는 자국민이 목숨을 잃은 소형 비행기 추락 사고는 자세히 보도한다. 그렇지만 이와 비슷한 수준의 비행기 추락으로 캄차카 반도 출신의 사람들이 사망한 사고는 거의 다루지 않는다.

둘째로, 매체 소비를 통한 관심과 참여는 일종의 거대한 자기기만이 아닐까? 진정한 동참은 행위를 통해 이루어진다. 〈타게스샤우〉를 보며 지진의 폐허에서 가까스로 빠져나온 피해자들에 대한 연민에 도취되어 봤자 누구에게도 도움이 되지 않을뿐더러 그저 언짢기만 하다. 만약 당신이 지진 피해자와 전쟁 난민, 그리고 기근에 시달리는 이들의 상황을 진심으로 안타까워한다면 후원을 하자. 주의도 아니고 관심도 아니다. 무슨 활동이나 기도도 아니다. 그들에게 정말 도움이 되는 건 돈이다.

당신이 '주의를 기울이기 위해' 뉴스 사이트들을 뒤적이며 지진 피해 상황을 계속 들여다보면, 당신의 관심은 지진 피해자들이 아니라 해당 뉴스 플랫폼의 운영자에게 가닿게 된다. 피해자들은 당신이 보내는 관심을 느끼지 못하지만, 플랫폼 운영자들은 확실하게 실감한다. 그것도 이중적 측면에서 느낀다. 첫번째로, 당신의 관심이 광고주들에게 지속적으로 팔리면 플랫폼 운영자들이 돈을 번다. 당신이 관심을 가질수록 더 많은 돈을 벌어들이기 때문에, 운영자들은 당신의 관심을 몸소 느낄 수밖에 없다. 두번째로, 뉴스 사이트에 접속하면 성향, 성격과 같은 당신에 관한 사소한 데이터들이 쌓이게 된다. 이렇게 축적된 데이터는 광고에 이용되므로 머지않아 당신은 광고 폭탄의 대상이 될 것이다. 당신의 주의와 관심은 지진 피해자들이 아니라 뉴스 매체들을 도와준다.

구호 활동에 대해서도 이야기해보자. 세계 어딘가에서 고통받는 이들을 돕기 위해 당신이 직접 현장에 가서 자원 활동을 벌인다 해도 그 효과는 굉장히 미미하고 제한적이다. 부디 물 펌프를 손수 설치하겠다며 사하라 사막으로 떠나는 일은 없었으면 한다.

이처럼 좋은 의도를 품은 바보 같은 행위를 경제학에서는 자원봉사자의 어리석음Volunteer's folly이라 한다. 당신이 직접 사막에 펌프를 설치한다면 아마도 하루에 한 대 정도를 완수할 것이다. 그런데 이와 달리 평소대로 (능력 범위 안에 속한) 본업에 충실하며, 그 업무로 벌어들인 돈을 아프리카로 보내면 하루 1백 개에 달하는 펌프를 세우게 할 수 있다. 이런 식으로 당신은 세상에서 빈곤으로 고통받는 이들을 보다 많이 도울 수 있다. 그러니 현장에서 활동으로 후원하는 대신 지금 머무는 곳에서 번 돈으로 후원금을 보내자.

나중에 언급하겠지만 뉴스를 끊으면 1년에 한 달이라는 시간이 우리에게 주어진다. 자유롭게 활용할 수 있는 시간을 돈으로 바꾸어 이를 후원금으로 보내는 것도 좋은 방법이다. 즉 초과 근무나 부업 또는 아르바이트를 해서 얻은 부수입으로, 당신이 관심 있는 분야에서 전문적으로 활동하는 이들을 후원하는 것이다. '국경없는의사회'나 '인간의 대지Terre des Hommes'처럼 체계적이고 확실한 기구에 후원하는 방식이 가장 좋다.

나는 이런 반론도 종종 듣는다. "뉴스를 소비하지 않으면 당장 도움이 절실한 곳이 어디인지 알 수가 없잖아요?" 이 또한 논리적 오류다. 뉴스 매체가 보도하는 재난은 편파적이다. 이들이 지구상에서 벌어지는 수많은 재해 가운데 어떤 걸 보도할지 결정하는 기준은 결코 객관적이거나 공정하지 않다. 매체는 ① 뭔가 새롭고, ② 내보낼 그림이 괜찮으며, ③ 이야깃거리로 삼을 만한 개별 사연이 풍부한 재난을 골라 보도한다. 수십 년에 걸쳐 이어진 팔레스타인 분쟁은 너무 지루하며, 바이러스는 사진에 담을 수가 없고, 지구 온난화로 녹아내리는 영구 동토층은 자동차라도 한 대 파묻혀야 극적인 장면이 나온다. 위의 3가지 기준에 따라 선택된 뉴스는 세상의 고난을 객관적으로 판단하는 데 도움이 되지 않는다. 세상에는 뉴스가 다루지 않는 진짜 심각한 상황들이 있으며, 그중에는 일찍 막았다면 심화되지 않았을 경우도 많을 것이다. 하지만 이 사실들은 거의 다뤄지지 않는다.

누군가의 불행을 뉴스로 소비하는 일에 당신의 인간애를 할애하지 말자. 이 세상의 고통에 관심을 기울이며 진짜 도움이 되고 싶다면 뉴스가 아닌 다른 길을 찾아보자. 고난에 충분히 동참할 수 있는 방법은 따로 있다. 기반이 확실한 구호단체에 정기적으로 후원금을 보내는 건 어떨까. (뉴스 매체가 아니라) 전문적인 구호단체들은 도움이 가장 절실한 곳이 어디인지를 알고 있다. 당신의 돈은 보다 또렷하고 구체적인 목표를 위해 의미 있게 사용될 것이다.

테이크아웃

재난과 사고는 대량으로 벌어진다. 당신이 뉴스 사이트를 통해 지진의 폐허에서 가까스로 빠져나온 피해자들을 바라보면, 당신은 가짜 연민에 빠지게 된다. 당신이 뉴스를 소비하며 기울이는 주의와 관심은 지진 피해자들에게 도움이 되지 않는다. 뉴스 소비는 피해자들이 아닌 뉴스 매체와 플랫폼 기업(구글, 페이스북 등)을 지원할 뿐이다. 재앙으로 어려움에 처한 피해자들을 도와야 한다는 데는 이견이 있을 수 없다. 하지만 도움의 방법이 문제다. 세상의 고통에 동참하고 싶다면 돈으로 후원하자.

"테러리즘은 뉴스 때문에 작동한다"

스위스 중부의 작은 마을 게르사우는 루체른 호수에 인접한 목가적인 동네로 2천여 명이 살고 있다. '루체른호의 리비에라'라고 불리는 이곳은 온화한 기후 덕분에 야자나무가 자란다. 스위스의 알프스 북쪽 지역에선 보기 드문 현상이다. 원래 게르사우는 수세기 동안 하나의 독립된 공화국이었으며, 어느 지역과도 동맹을 맺으려 하지 않았다. 그렇게 3백여 년 넘게 독립을 지키던 이 마을은 1798년 나폴레옹의 침략으로 무너졌다. 프랑스 군대가 철수한 이후 이 마을은 다시 독립을 선언했지만 결국 무위로 끝났다. 오늘날 게르사우는 스위스의 일부이다.

여기서 사고 실험을 해보자. 당신은 현재 게르사우의 주민으로, 마을의 독립을 되찾고 싶다. 당신은 스위스의 일부인 게르사우가 부당하게 취급되고 있다고 믿고, 지역의 전통을 유지하고 싶다.

당신의 말을 사람들이 경청하게 만들려면 어떤 방법이 좋을까? 당신과 뜻이 같은 주민들이 있다면 주민 회의를 열어 투표로 독립을 결정할 수도 있다. 하지만 당신의 주장을 진지하게 여기는 사람은 아무도 없다. 당신은 블로그에 이와 관련된 글을 올릴 수도 있다. 그러나 누구도 읽지 않는다면? 또는 홍보 회사에 의뢰할 수도 있다. 하지만 역시 누구도 귀 기울이지 않는다면? 아니면 베른의 연방의회 건물에 폭탄을 설치해 불을 붙일 수도 있다. 그러면서 "게르사우를 해방하라!"라는 문구가 적힌 벽보를 내걸면, 몇 분 내로 국내외 언론의 주목을 받을 수 있다. 물론 당신의 행동은 즉각 신랄한 비난의 대상이 되겠지만, 논쟁은 불타오를 것이다.

그런데 이때 세상에 뉴스 매체가 하나도 없다면 어떻게 될까? 폭탄이 터지고, 파편이 사방으로 튀며, 행인들은 다친다. 이 폭탄 테러는 베른의 광장과 시장, 그리고 베른 시민들이 모이는 자리마다 화젯거리가 돼 입에 오르내릴 것이다. 그러나 베른 바깥에서는 효과를 보지 못할 것이다. 다음 날이 되면 베른의 광장은 이전과 다름없어지고 다들 평범한 일상을 보낼 것이다. 결국 당신은 목표에 한 걸음도 다가가지 못하게 된다.

테러리즘은 뉴스 매체 덕분에 작동한다. 테러리스트들의 실제 무기는 폭탄이 아니라, 폭탄이 유발하는 두려움이다. 두려움이라는 위협은 폭탄보다 막대한 효과를 발휘한다. 이를 실현하는 것이 바로 뉴스 매체다. 뉴스 매체는 테러리스트가 유발하는 두려움을 대중이 직접 느끼도록 이어주는 역할을 한다.

2001년부터 지금까지 유럽연합EU 국가에서 테러로 목숨을 잃은 사람은 연평균 50명이다. 한편 매년 교통사고로 사망하는 EU 시민은 약 8만 명이며, 자살로 사망하는 사람은 6만 명이다. 독일의 경우 테러리즘으로 사망한 사람은 연평균 세 명 미만으로, 교통사고 사망자 3천 명, 그리고 자살 사망자 1만 명과 비교하면 매우 적다. 단순하게 계산해봐도 테러로 목숨을 잃는 것보다 스스로 목숨을 끊어 사망할 위험이 3천 배나 크다. 역설적이게도 뉴스를 소비하면, 이와 정반대로 테러의 위험성을 훨씬 크게 느끼게 된다.

테러리스트들의 본질적인 목적은 사람을 살해하는 데 있지 않다. 이들은 목적을 달성하기 위해 전략적 방법을 취하며, 테러를 통한 살해는 그 일환이다. 테러리스트들은 정치적 변혁을 추구하고, 분리주의 운동을 지지하고, 현재 우위를 점한 정권의 신임과 평판을 떨어뜨리려 한다. 무엇보다 이들은 자신들의 관심사가 주목받기를 바라며 다양한 시도를 하는데, 주로 뉴스 보도와 그로 인한 반작용을 십분 활용한다.

1:38

스탠퍼드대학교의 정치학자 마사 크렌쇼는 테러리스트들을 매우 이성적으로 행동하는 인간으로 본다. "테러리즘은 논리적인 행위이다. 정부와 반정부 세력 사이의 차이가 클수록 이들은 테러리즘이라는 행위로 대항한다." 다르게 표현하면, 테러리스트들은 본래 힘이 없다는 말이다. 아무런 힘도 영향력도 없기 때문에, 정치적 변혁을 강구하기 위해 이들이 할 수 있는 유일하고 효과적인 방법은 두려움과 혼란을 흩뿌리는 일이다. 이를 위해서는 뉴스 매체가 필요하다.

중세나 로마 제국 당시 테러리즘이 잘 알려지지 않은 이유 중 하나가 여기에 있다. 당시에는 뉴스 매체가 하나도 없었기 때문이다. 뉴스 저널리즘이 등장하기 전에도 당연히 물리적 공격, 암살, 방해 공작 등이 있었다. 하지만 당시의 암살자들은 정말로, 확실하게 심각한 해를 가하고 싶었을 뿐, 대중의 의견과 감정을 교묘하게 조작하려 하지 않았다.

이스라엘의 역사학자 유발 하라리는 책에서 다음과 같이 말한다. "테러범들은 심리 조종의 대가이다. 그들은 극히 소수의 사람을 살해하고도 수십억을 공포에 떨게 하며, 미국이나 EU와 같은 거대한 집단까지 뒤흔들 줄 안다." 여기에 덧붙여 그는 이렇게 쓴다. "테러라는 공연은 선전 없이는 성공할 수 없다. 불행히도 매체들은 이 공연을 너무나도 자주 무료로 선전해준다. 이들은 테러 공격을 집요하게 보도하며 그 위험을 크게 부풀린다. 그 이유는 단순하다. 테러 관련 보도가 당뇨나 대기 오염에 관한 보도보다 확연히 더 많이 팔리기 때문이다."

모두가 뉴스를 엄격하게 끊는다면 테러리즘이라는 현상도 폭탄 공격 이후의 연기처럼 빠르게 사그라질 것이다. 당신이 뉴스를 소비한다면 (나쁜 의도가 없더라도) 테러리즘을 지원하는 셈이다. 그러니 이를 분명히 알고 소비하기를 바란다. 테러를 멈출 브레이크는 당신 손안에 있다.

테이크아웃

뉴스 산업이 없으면 테러리즘도 없다. 당신이 뉴스를 포기하면 (더불어 다른 사람들까지 설득하면) 테러리즘을 천천히 그리고 조금씩 무력하게 만들 수 있다.

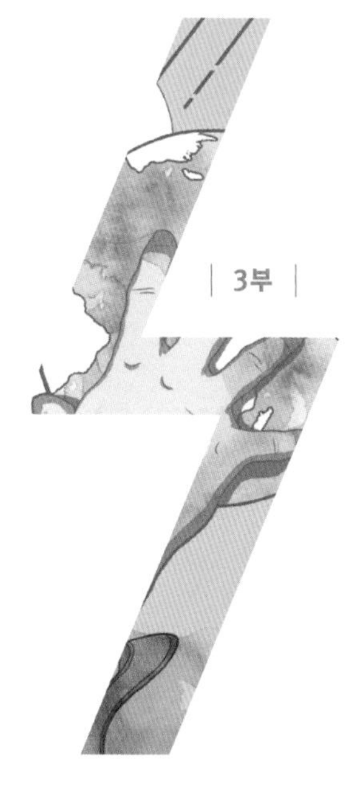

3부

뉴스 중독이 위험한 이유

1년 동안 '한 달'이 사라지고 있다

뉴스는 과도한 비용을 초래한다. 무엇보다 시간을 허비하게 만든다. 뉴스로 인한 시간 낭비는 3가지 관점에서 바라볼 수 있다. 첫 번째로, 뉴스를 틈틈이 먹어치우면서 낭비하는 시간을 꼽을 수 있다. 노트북이나 스마트폰으로 화면을 이리저리 넘기거나 텔레비전 앞에 앉아 뉴스를 보고 듣고 읽느라 소모하는 시간 말이다.

두 번째로, 뉴스를 소비하면 다시 집중하기 위해 이른바 분위기 전환을 위한 시간이 필요하다. 즉 이런저런 소식들을 읽느라 다른 곳으로 쏠린 관심과 집중을 제자리로 돌려놓는 데 소모되는 시간이다. 본업을 제대로 완수하려면 뉴스를 읽기 전의 상태로 돌아와야 하는데 이 과정에서 상당한 시간을 버리게 된다. 마지막으로, 뉴스는 우리의 집중을 오랫동안 방해한다. 뉴스를 소비하고 한참이 지나도 우리의 집중력은 크게 떨어진 상태를 유지한다. 뉴스에서 접한 이야기와 사진들이 몇 시간이 지나도 머릿속에서 어른거리며 떠돌아다녀, 사고의 흐름을 지속적으로 방해하는 것이다.

간단하게 계산해보자. 당신은 아침이면 신문을 뒤적이며 훑어보고, 점심에는 라디오에서 흘러나오는 정오 뉴스를 들으며, 저녁에는 뉴스를 시청한다. 여기에 당신이 선호하거나 구독하는 뉴스 사이트들을 방문하는 시간도 더해야 한다. 업무 도중 세상이 어떻게 돌아가는지 잠시나마 들여다보고 싶을 때 뉴스 사이트를 들락거리며 소모하는 시간 말이다. 더불어 스마트폰으로 무심코 본 소소한 뉴스와 소셜 미디어에서 접한 뉴스 피드도 계산에 넣어야 한다. 사소해 보이지만 이들 역시 뉴스 소비의 일환이다. 이 모든 시간을 합산하면 당신이 뉴스로 소비하는 시간이 나온다. 미국의 비영리 여론조사 기관인 퓨 리서치 센터에 따르면 하루에 58분에서 96분 정도가 뉴스 소비로 낭비된다고 한다. 게다가 교육 수준이 높을수록 일일 뉴스 소비 시간은 더 많아진다.

다시 집중하기 위해 들어가는 시간도 추가로 더해야 한다. 뉴스를 소비할 때마다 당신은 흩어졌던 생각을 다시금 모아야 한다. 뉴스를 소비하기 직전에 업무가 정확히 어디까지 진행 중이었는지, 문서를 어디에 저장해 두었는지, 무슨 일을 처리할 예정이었는지 등을 재차 생각해야 한다. 뉴스가 당신의 집중력을 빼앗아 간 까닭에 뉴스 소비 이전의 상태로 돌아가려면 다시 생각을 가다듬어야 한다. 이처럼 뉴스를 본 뒤 원래 상태로 돌아가기 위해 매번 3분 정도의 시간이 빼앗긴다.

여기에 더해 머릿속에서 좀처럼 떠나지 않는 기사를 곰곰이 생각하느라 낭비되는 10분 정도의 시간도 계산해야 한다. 예컨대 우리는 뉴스에서 본 열차 사고 사진을 떠올리며 심각하게 생각하는 데 대략 5분을 보낸다. 그런데 이처럼 뇌리를 맴도는 기사는 하루에 최소 2개 이상이다. 여기까지 더하면 당신은 적어도 매일 한 시간 반을 뉴스에 소진하는 셈이다.

한 시간 반이라고 하면 그리 많아 보이지 않을 수도 있다. 하지만 이렇게 일주일이 지나면 당신은 평일 하루를 통째로 잃는다. 조금 빠듯하게 계산한다고 해도 매년 한 달에 해당하는 시간이 사라진다. 그렇다. 말 그대로 한 달이 통으로 날아간다! 나의 1년은 여전히 열두 달이지만, 뉴스를 소비하고 있다면 당신의 1년은 열한 달에 불과하다. 아까운 한 달이 없어지고 있는데, 왜 아직도 뉴스에서 벗어나지 못하는가? 잃어버린 시간을 감수할 만한 가치가 있는가? 있다면 대체 무엇인가? 세상을 보다 잘 이해하게 되었는가? 당신의 능력 범위가 확장되었는가? 더 나은 결정을 내리게 되었는가? 집중력이 더욱 높아졌는가? 한결 나아진 마음의 평온을 누리고 있는가?

지구 전체로 보면 뉴스로 손실되는 시간은 헤아릴 수 없을 정도로 막대하다. 2008년 인도 뭄바이에서 일어난 연쇄 테러 사건을 예로 들어보자. 당시 테러범들은 무차별적인 공격으로 단번에 200명에 가까운 사람들을 살상했다. 전 세계에서 10억 명이 뭄바이에서 벌어진 비극에 주의를 기울이느라, 평균 한 시간 정도를 사용했다고 상상해보자. 뉴스를 찾아보고 관련 기사를 따라가며, 텔레비전 앞에 앉아 '평론가'라는 이들의 끊임없는 장광설을 유심히 바라보았다고 생각해보자. 인도에만 10억 명 이상이 거주하고 있으니 이런 가정은 절대 과장이 아니며, 매우 현실적인 추측이라 할 수 있다. 어쩌면 그들 가운데 상당수는 뭄바이의 참극을 들여다보느라 하루 종일을 보냈을 수도 있다. 하지만 여기에선 '보수적'으로 계산해보자. 10억 명이 한 시간 동안 뉴스에 몰입했다면 10억 시간이 뉴스로 허비된 것이며, 이는 10만 년과 맞먹는 시간이다.

오늘날 정보는 결코 부족한 자원이 아니다. 반면 집중력은 점점 더 부족해지고 고갈되고 있다. 우리는 왜 스스로의 집중력을 이렇게 무책임하게 다룰까? 건강이나 명예 또는 돈이라면 이토록 헤프게 쓰지는 않았을 것이다. 고대 로마의 사상가 세네카는 이미 2천 년도 더 전에 인간의 시간 낭비에 놀라워하며 이렇게 말했다. "우리는 재산을 지킬 땐 인색하면서도, 시간을 낭비할 때는 너그럽다. 마치 거저 주어진 것처럼 최대한 헤프게 쓴다. 그러나 시간은 우리가 실로 인색하게 써야 할 유일한 자산이다."

지금까지 살면서 나는 시간 관리를 다루는 무수한 책을 읽었고, 거기에서 제안하는 수많은 방법을 시도해보았다. 그 모든 시도 끝에 내린 최종 결론은, 시간을 절약하는 데 뉴스 끊기만큼 간단하고 성과가 높으며 평생 지속할 수 있는 방법은 없다는 것이다.

테이크아웃

매년 한 달이라는 시간을 통째로 선물받고 싶다면 뉴스를 포기하자. 그러면 당신의 가족과 취미, 그리고 경력을 위한 시간이 1년에 무려 한 달이나 주어진다. 뉴스 끊기처럼 그렇게 많은 시간을 얻을 수 있는 시간 관리 방법은 어디에도 없다.

인간의 부정 편향과 스트레스

세상에 두 종류의 동물이 있다고 가정해보자. A라는 동물의 뇌는 주로 부정적인 정보에 반응하며, B의 뇌는 긍정적인 정보를 접할 때 활발해진다고 생각해보자. 둘 중에 삶의 질이 더 높은 동물은 어느 쪽일까? 당연히 B다. A가 온갖 스트레스와 걱정으로 일생을 고통스럽게 보내는 동안, B는 존재의 밝은 면만을 누린다. B는 눈과 귀로 들어오는 다양한 자극들 가운데 좋은 것들만 골라 즐거움을 만끽할 것이다. 그러면서 부정적인 모든 것들은 그저 웃어넘길 것이다. 그렇다면 누가 더 오래 살까? 당연히 A다. 누구나 부러워할 만큼 밝고 명랑한 B는 몇 달 만에 유전자 풀에서 사라지게 된다. 살아남는 쪽은 A뿐이다. 한 종이 살아남으려면 끊임없이 긴장의 끈을 붙들고 있어야 한다. 즉 매 순간 조심하고 경계하며 부정적인 정보에 과민하게 반응해야 한다. 인간은 모두 A

라는 동물이라고 할 수 있다.

우리는 좋은 정보보다 나쁜 정보에 더욱 민감하게 반응한다. 즉 부정적인 정보를 더 중요하게 느낀다. 그런 이유로 부정적 정보는 긍정적 정보보다 2배 정도로 강렬한 영향을 미친다. 심리학에서는 이를 부정 편향이라고 한다. 이러한 태도는 한 살짜리 젖먹이에게서도 관찰된다. 성인뿐만 아니라 태어난 지 얼마 되지 않은 영아들도 긍정적인 자극보다 부정적인 자극에 훨씬 민감하게 반응한다. 주가가 10퍼센트 하락했을 때 우리가 느끼는 불행은, 10퍼센트 상승한 주가로 느끼는 행복감보다 갑절이나 크다. 부정 편향은 선천적으로 타고난 행동양식이다. 뉴스 매체들은 우리가 부정적인 정보에 취약하다는 사실을 알려주는 대신 이 취약성을 가지고 논다. 매체는 걱정으로 가득한 뇌에 완벽하게 들어맞는 충격적인 이야기를 대량으로 만들어 제공한다.

뉴스는 (자율신경계의 일부인) 교감신경을 잠시도 가만히 두지 않는다. 심리를 뒤흔드는 자극적인 기사는 스트레스 호르몬인 코르티솔의 분비를 촉진한다. 많든 적든 코르티솔이 혈류를 따라 체내에 흐르면 면역 체계가 약해지고 성장 호르몬의 분비가 억제된다. 뉴스를 소비하면 당신의 몸은 스트레스 상태에 놓인다. 만성적인 스트레스는 (세포, 머리카락, 뼈 등의) 성장을 방해하며 소화 장

애를 유발한다. 여기에 더해 감염에 대한 저항성을 떨어뜨리며, 신경과민을 초래하기도 한다. 뉴스 소비의 또 다른 잠정적 부작용으로 불안, 공격성, 터널 시야, 감정의 둔감화 등이 있다. 요약하면 우리는 뉴스를 소비하며 자신을 신체적, 정신적으로 위태롭게 만들고 있는 셈이다.

미국 심리학회의 한 연구에 따르면, 성인의 절반이 뉴스 소비로 인한 스트레스 증상에 시달린다고 한다. 지난 10년 동안 일상에서 급격하게 달라진 2가지를 떠올려보면, 이는 그리 놀라운 결과가 아니다. 첫 번째로, 우리는 이전보다 확실히 더 많은 뉴스를 소비하고 있다. 휴대전화와 노트북 모니터 등 언제 어디서나 뉴스를 띄우는 대형 화면이 도처에 널려 있다. 한 설문조사에서는 미국인 열 명 중 한 명이 한 시간마다 뉴스를 확인한다고 답했다. 소셜 미디어 피드를 확인하는 비율은 이보다 더 높다.

두 번째로, 뉴스는 점점 더 충격적이며 요란한 사건을 자극적인 헤드라인과 사진으로 보도하고 있다. 〈심리 정신병리학 저널〉의 편집장인 그레이엄 데이비 교수는, 이 2가지 변화가 뉴스 소비자의 정신 건강에 자주 해로운 영향을 미친다고 확증했다. 몇몇 뉴스 영상들은 자극의 강도가 너무 높아서 급성 스트레스 증상인 불면증, 공격적 행동, 극심한 감정 기복, 그리고 더 나아가 외상

후 스트레스 장애PTSD까지 불러일으킬 수 있다고 한다.

인간이라면 누구나 개인적인 불안이 있다. 각자의 내면에 자리한 불안은 이따금 우리를 엄습하여 무력하게 만든다. 건강한 생활환경에서는 이러한 상황에 처하더라도 무사히 빠져나갈 수 있는 나름의 요령이 존재한다. (이와 관련한 구체적인 내용은《스마트한 생각들》에서 소개했다.) 불행하게도 뉴스 소비는 이 같은 대처 방식을 가로막는다. 데이비 교수는 텔레비전에서 방송되는 부정적인 뉴스가 개인의 걱정과 불안을 증폭한다는 사실을 입증했다. 부정적인 뉴스가 개인의 걱정거리와 아무런 관련이 없더라도, 내용이 부정적인 텔레비전 뉴스는 개인의 근심을 악화시킨다는 것이다.

건강하게 살고 싶다면 의지가 필요하다. 명료하게 사고하고, 생산적으로 일하며, 몸에 좋은 것을 먹고 마시며, 건강한 체형을 유지하겠다는 의지 말이다. 안타깝게도 증가한 스트레스는 의지를 떨어뜨리고, 의지가 떨어지면 뭐든 미루게 된다. 삶에 중요하고 유익한 행위를 미루고 나면 불쾌감이 든다. 그러면 보통은 그리 중요하지 않으며 편안하기만 한 행위를 한다. 예를 들어 피트니스 센터까지 발걸음을 옮기는 걸 미루고 그 대신 뉴스 서핑을 하는 것이다. 그러면서 우리는 악순환에 빠지게 된다. 뉴스 소비는 만성 스트레스로 이어지며, 스트레스는 의지력을 약화시킨다. 의지가 부족한 상태에서 인터넷 서핑을 하면 의지력이 강할 때보다 더 오랫동안 시간을 허비하고 인터넷을 헤매다가 결국 더 많은 스트레스를 받게 되므로 의지는 계속해서 감퇴하고 만다.

결론은 간단명료하다. 뉴스 소비는 삶의 질을 떨어뜨린다. 그렇게 당신은 평생 스트레스 속에서 신경이 곤두선 상태로, 질병에 취약한 몸을 이끌고 살게 될 것이다. 이것이야말로 정말 슬픈 '소식'이 아닐까. 부디 당신의 주목을 끌 만큼 인상적인 소식이기를 바란다.

테이크아웃

뉴스 소비는 정신뿐 아니라 신체에도 부작용을 일으킨다. 뉴스가 아니더라도 당신의 삶은 이미 스트레스로 가득하다. 당신의 인생에 아무런 유익함이 없는 인위적인 스트레스는 이제 내려놓고 뉴스 끊기에 동참하자. 당신의 몸과 정신이 건강해질 것이다.

뛰어난 전문가 중
뉴스 중독자는 없다

관련성이란 정확히 무슨 뜻일까? 여기에는 2가지 정의가 가능하다. 엄격하고 좁은 의미로 정의한다면, 당신이 더 나은 결정을 하도록 도와주는 무언가를 두고 당신과의 관련성이 높다고 말할 수 있다. 포괄적이고 넓은 의미에서 보면, 당신이 세상을 보다 잘 이해하도록 해주는 모든 것을 관련성이 높다고 정의할 수 있다. 앞으로 나는 2가지 정의를 다 사용할 것이다. 당신이 어떤 결정을 내리든 상관은 없다. 둘 중 어떤 정의로 접근하든 뉴스는 당신의 삶과 무관하기 때문이다. 어쨌든 중요한 건 '뉴스로부터 깨끗한' 상태가 되는 것이니까.

전설적인 투자가 워런 버핏은 능력 범위circle of competence라는 놀라운 개념을 이야기하며 그 중요성을 강조하곤 한다. 버핏이 말하는 능력 범위란, 우리 각자가 정통하고 압도적으로 해낼 수 있는 한계 범위를 의미한다. 우리는 이 범위 밖에 놓인 것은 부분적으로만 알거나 아예 이해하지 못한다. 버핏의 인생 모토는 다음과 같다. "자신의 능력 범위를 알고 그 안에 머물러라. 이 범위의 크기는 그리 중요하지 않다. 정말 중요한 건, 범위의 경계선이 정확히 어디에 있는지를 아는 것이다." IBM의 창업자 토머스 왓슨은 이 명제를 몸소 입증한 살아 있는 증거라 할 수 있다. 왓슨은 이렇게 말한 바 있다. "나는 천재가 아니다. 그러나 나는 특정 분야에서는 뛰어나다. 그리고 나는 이 분야에만 시종일관 머물 것이다."

현재 당신이 몸담고 있는 일터에서 능력 범위가 명확하지 않다면 스스로 엄격하게 경계를 그려야 한다. 본인의 능력 범위를 가혹하리만큼 철저하게 정해놓으면 물질적 결실뿐 아니라 다른 여러 유익한 결과가 돌아온다. 무엇보다 당신은 시간을 아낄 수 있다. 주의와 관심을 쏟아야 하는 일과 그렇지 않은 일을 두고 매번 새로운 결정을 내릴 필요가 없기 때문이다. 이는 매체를 소비할 때 특히 빛을 발한다. 본인의 능력 범위를 아는 것은 의사가 수술용 칼과 같은 유용한 도구를 지닌 것과 다름없다. 이 칼로 정보의 원천 속에서 가치 있는 정보와 쓸모없는 정보를 분리할 수 있기 때문이다.

실제로, 당신의 능력 범위에 맞아떨어지는 모든 정보는 가치 있다. 동시에 범위 밖의 것들은 우선순위에서 제외하는 편이 낫다. 당신의 능력 범위 밖에 있는 정보는 시간을 빼앗으며 집중력을 저해할 뿐이다.

능력 범위는 우리의 인생에 어떤 의미가 있을까? 오늘날 직업적으로 성공한 사람들은 대부분 니치niche라 불리는 특정 분야에 몸담고 있다. 쉽게 말해 니치는 틈새시장을 의미하는데, 고유의 틈새시장을 확보하여 그 분야에서 더 많이 알고 더 많은 능력을 지닐수록 성공의 규모는 더욱 커진다. 만약 당신이 본인의 니치 안에서 세계적으로 손꼽히는 지식과 능력을 보유한다면, 당신의 삶은 성공적이라 할 수 있다. 이때 당신은 승자가 모든 것을 가져가는 세상 속에서 '승자의 저주'라는 딜레마에 빠지게 된다. 승자의 위치에 선 당신 앞엔 하나의 선택지가 놓인다. 자기 분야만 알지만 꼭대기에 선 전공 바보가 되는 길과 꼭대기에 서기 위해 부단히 애쓰는 패자가 되는 길.

'전공 바보' 혹은 '너드'라는 말은 언뜻 부정적으로 들릴 수 있다. 하지만 한편으로, 너드는 한 분야의 '대가'라는 뜻도 된다. 자기 전공 분야에선 능력이 탁월하지만 고지식하고 괴짜 같은 인물을 흔히 너드라 칭하기 때문이다. 너드라는 말 대신 대가 혹은 장

인이라고 하면 왠지 더욱 매력적으로 들린다. 그렇지 않은가?

베토벤도 너드였다. 그는 교향악 작곡 분야에서는 세계 최고였지만, 자신의 능력 범위 밖의 어느 분야에서도 뛰어나지 않았다. 파블로 피카소도 마찬가지였다. 인류 최초로 우주 비행을 한 유리 가가린도, 인류 역사상 가장 위대한 과학자 중 하나인 뉴턴도 자기 분야밖에 모르는 바보였다. 뉴턴은 본인의 능력 범위 밖에선 철저하게 무능한 사람이었다. 그가 주식 투자에서 엄청난 손실을 보았다는 일화는 유명하다.

날카롭고도 정밀하게 본인의 능력 범위를 제한하면, 어떤 정보를 수용하고 버릴지를 간단하게 결정할 수 있다. 당신이 흉부외과 의사라고 가정해보자. 그러면 당신의 관심 분야는 전공에 해당하는 과학 또는 의학 전문 잡지가 될 것이다. 만일 한 부서를 이끌고 있다면 리더십에 관한 책이나 잡지도 포함될 수 있다. 그 외에 다른 것들은 당신의 우선순위가 아니니 마음 놓고 지나쳐 가도 괜찮다. 한 국가의 대통령이 다른 나라의 대통령과 악수를 했다는 사실이나 지구 어딘가에서 열차 사고가 났다는 소식을 당신이 알아야 할 이유는 없다. 당신의 뇌는 이미 당신에게 중요한 정보와 지식으로 가득 차 있으므로, 지구상의 온갖 잡다한 뉴스가 들어갈 틈이 없다. 잡동사니가 더 많이 들어찰수록, 당신이 반드시 알아야 하는 중요한 정보가 들어갈 공간은 줄어든다.

이번에는 당신이 건축가라고 생각해보자. 마찬가지로 당신은 직업과 관련된 전문 지식을 두루 섭렵할 것이다. 새로 바뀐 건축 규정이나 조만간 변경될 예정인 건축 관련 법률을 확실하게 숙지해야 한다. 이와 관련된 정보는 도시마다 다르며 내용도 전문적이기 때문에, 일반적인 뉴스 사이트에서는 결코 얻을 수 없다. 또한 당신은 미학 및 조형 언어와 관련된 최신 지식을 쌓기 위해 여러 잡지와 서적을 읽을 것이다. 그런 전문 잡지들은 가격이 높은 경우가 많다. 이처럼 당신의 삶과 관련성이 높은 정보에는 적잖은 비용이 들어간다. 중요하지 않은 뉴스를 지나침으로써 당신은 시간을 아끼고 필요한 정보를 습득하는 데 더 많은 시간과 돈을 쓸 수 있다.

능력 범위마다 이를 전문적으로 다루는 매체들이 있다. 본인의 능력 범위 안에서 확고한 위치에 서고 싶다면 이런 매체에서 발행하는 글들을 반드시 읽어야 한다. 당신의 능력 범위 밖에 놓인 것들은 우선순위에서 제외하라. 그렇다면 인터넷 검색은 해도 될까? 물론이다. 당신의 능력 범위와 연관성이 깊은 정보를 찾아야 하는 상황에서는 구글링은 필수적이다. 인터넷은 소중하고 가치 있는 정보로 가득 채워져 있다. 그럼에도 긴장의 끈을 놓아서는 안 된다. 정보 검색을 위해 인터넷 서핑을 하더라도, 행여나 실수로 궤도를 벗어나지 않도록 주의하라. 나와 상관도 없고 중요하지도 않은 오락거리에 빠져 시간을 보내지 않도록 매 순간 주의해야 한다.

이제 당신의 손엔 날카로운 수술칼이 들려 있다. 이 칼로 쓸모없는 것들 사이에서 당신에게 중요한 정보만을 도려낼 수 있다. 당신의 능력 범위 안에 머물며 흔들림 없이 확고한 삶을 꾸려가고 싶다면, 이것 하나만은 마음속에 새겨야 한다. 매체를 통해 보고 듣고 읽는 것들의 99퍼센트는 당신의 인생과 무관하다. 그러므로 그 99퍼센트를 잘라내야 한다.

테이크아웃

당신의 능력 범위를 확실하게 정하자. 폭을 넓히는 대신 깊이에 집중하자. 당신의 능력 범위에 해당하는 모든 정보와 지식들은 읽되, 범위 밖에 있는 모든 것은 무관심하게 내버려두자.

소셜 미디어는
당신이 원하는 정보를 제공한다

인간은 합리적인 판단과는 거리가 멀고 이성적 사고 및 행동과도 어긋나는 길을 가곤 한다. 우리가 누누이 빠지게 되는, 조직적이고 습관적인 사고의 함정에 대해서는《스마트한 생각들》에서 이야기했다. 이러한 논리적 오류는 우리가 내리는 결정의 질을 크게 떨어뜨린다. 뉴스는 우리의 오류를 밝히거나 바로잡기는커녕 논리적 오류의 상당수를 강화한다.

논리적 오류의 아버지라 할 수 있는 확증 편향을 예로 들어보자. 누군가 당신에게 "3, 6, 9, 12… 다음에 올 숫자는 무엇인가?"라고 묻는다면, 대부분의 사람들처럼 당신은 '15'라고 답할 것이다. 이때 누군가가 '15' 대신 '14'나 '52'라 답해도 상관없다고 말한다면, 당신은 고개를 가로저으며 이렇게 말할 것이다. "여기에 적용된 규칙은 분명 3의 배수이기 때문에 그다음에는 15가 와야

해!" 그럴 수도 있다. 하지만 반드시 그래야 하는 건 아니다. 앞의 숫자 배열에 관한 규칙은 3의 배수가 아니라 다음과 같을 수도 있다. '다음에 놓일 숫자는 바로 전 숫자보다 커야 한다.' 이게 대체 무슨 일인가? 숫자들이 깔끔하고도 예쁘게 3의 배수여야 한다고 생각했던 당신의 머릿속이 혼돈에 빠졌을 것이다. 처음부터 숫자들을 3의 배수로 설정해놓고 시작했기에, 모든 가능성을 볼 수 없었다. 그래서 당신의 시야엔 다른 규칙이 들어올 틈이 없었다.

이는 지극히 '정상적인' 태도다. 인간은 자신이 선호하는 견해와 엇갈리는 징조가 보이면 자동적으로 가림막을 내려 차단한다. 그러면서 확신을 공고히해주는 정보와 뉴스에는 예민하게 반응하며 적극 시선을 돌린다. 숫자 규칙에서 이런 논리적 오류는 크게 문제 되지 않는다. 그러나 이 오류가 정치적 견해나 돈과 관련되면 무척 위험해진다. 인간은 새로 접한 모든 정보를 지금까지 고수해온 관점에 부합하도록 해석하는 일의 대가다. 더 많은 뉴스를 소비할수록 당신은 자신의 견해를 확증해주는 정보를 더 자주 마주치게 된다. 당신의 의견이 틀렸더라도 당신의 의견을 뒷받침하는 정보는 뉴스를 통해 쉽게 얻을 수 있다. 오늘날 뉴스는 단순한 '시추기'에 불과하다. 그런데 이 시추기는 더 이상 잘못된 견해에 구멍을 내지 않는다. (예전에는 옳지 않은 의견을 무력화하는 뉴스가 생산되기도 했다.) 대신 그 견해를 공고히 할 뿐이다. 최악의 뉴스 출처는 소셜 미디어다. 소셜 미디어의 알고리즘은 기본적으로 필터링 기능을 갖추고 있다. 페이스북은 당신이 즐겨 보고 들을 만한 것들을 정확히 추측하여 보여준다. 결과적으로 소셜 미디어가 정보를 걸러내고 제공하는 방식은 확증 편향을 강화한다. 페이스북에서 자신과 다른 의견을 찾으려는 시도는 헛수고일 뿐이다. 당신의 '친구들'이 그런 의견을 가졌다 하더라도, 페이스북은 당신의 신념을 확고히 하는 정보만을 걸러내 보여줄 것이다.

확증 편향이 이데올로기, 즉 이념과 만나면 위험한 영향력을 발휘한다. 이념은 우리가 만들어내는 것들 가운데 가장 공고하며 어리석은 축에 속한다. 이념은 낱낱의 견해가 아니라 한 덩어리로 묶인 생각과 단단히 확립된 온전한 세계관이다. 의견과는 비교가 될 수 없을 정도로 크고 견고한 감옥이다. 이념은 고압 전류처럼 작용한다. 흥분으로 인한 비이성적 행위를 하도록 만들며, 모든 퓨즈를 태워 녹인다.

무슨 일이 있어도 도그마dogma(독단적 신념이나 교리)와 이데올로기에 빠져서는 안 된다. 행여 공감이 가거나 마음이 끌리더라도 절대 발을 들여서는 안 된다. 이념은 우리를 잘못된 길로 이끈다. 이념은 당신의 세계관을 편협하게 만들며, 급기야 형편없는 결정을 내리도록 미혹한다. 뉴스는 확증 편향을 강화함으로써 이념의 조력자가 된다. 정치적 논쟁에 뉴스가 가담할 때 늘 비슷한 결말에 이르는 까닭이 여기에 있다. 뉴스의 회오리바람은 시민들을 뒤흔들어 중심을 잃게 하며, 결국 이들은 양극단으로 분열된다.

여기까지는 의심의 여지없이 분명하다. 다들 고개를 끄덕일 것이다. 그런데 문제는 사람들이 이념이나 도그마에 빠졌을 때 스스로 알아채지 못한다는 것이다. 누군가를 만났을 때, 독단적 신념에 감염된 징조가 보인다면 이런 질문을 건네보자. "당신의 세계관을 포기하게 만드는 사실이 있다면 그것은 무엇인가?" 즉 어떤 사실에 직면했을 때 고유의 세계관을 포기할 수 있는지 묻는 것이다. 만약 이 질문에 아무런 대답이 돌아오지 않는다면, 앞으로 그 사람은 피하는 게 좋다. 그의 이념적 성향이나 태도도 마찬가지다.

하지만 자만해선 안 된다. 스스로에게도 질문을 던져보자. 특정 도그마에 지나칠 정도로 가까이 다가간 건 아닌지, 독단에 빠질 조짐이 보이는 건 아닌지 재차 의심하며 자문해야 한다. 본인이 지향하는 의견이나 신념에 대한 반론을 반드시 찾아보자. 더 나아가, 당신이 토론회에 초대받았다고 생각해보자. 함께 초대된 다른 출연자는 모두 당신과 대척점에 서 있다. 논거를 충분히 갖춘 출연자에 맞서서 당신의 의견을 설득력 있게 주장할 수 있다면 그 견해는 고수할 만하다.

당신이 특정 이념에 잠식되지 않았더라도, 당신 자체가 오류에 빠져 있을 수도 있다. 우리는 누구나 마음속에 자신만의 생각을 품고 있다. 이 세상에 대해, 주식시장이나 이웃, 상사의 마음, 경쟁자의 전략에 대해 자신만의 이론을 갖고 있는 것이다. 이는 지극히 정상이다. 그렇지만 이 같은 사고의 틀은 쉽게 확증 편향으로 이어지므로 과감히 깨뜨릴 수 있어야 한다. 뉴스 소비는 확증 편향이라는 인간의 약점을 악화시키며, 이 약점은 조용하고도 은밀하게 우리 안에 새겨진다.

테이크아웃

뉴스는 '논리적 오류의 아버지'인 확증 편향을 강화한다. 당신이 믿고 있는 이론이 있다면, 그것이 보다 나은 결정을 내리는 데 정말 도움이 되는지 의심하고 따져보자. 단, 뉴스를 포기해야만 이를 제대로 파악할 수 있다.

가용성 편향

지금 당장 떠오르는 꽃 이름과 색깔, 그리고 집에서 기르는 동물의 이름을 하나씩만 말해보자! 다 끝났는가? 대다수가 '장미', '빨강', 그리고 '개'나 '고양이'를 말한다. 아마 당신도 그랬을 것이다. 세상에는 수만 가지에 이르는 다양한 꽃이 있으며 색상의 종류도 무수히 많다. 반려동물 또한 1백여 종에 달한다. 그럼에도 우리는 바로 앞에 놓인 것, 자주 접해서 익숙한 것, 혹은 쉽게 떠올릴 수 있는 것들을 주로 생각한다. 이를 가용성 편향availability bias이라 한다.

나는 전작 《스마트한 생각들》에서 가용성 편향을 구체적으로 서술한 바 있다. 영어 'available'은 유효한, 이용할 수 있는, 손에 넣을 수 있는, 마음대로 할 수 있는 등의 뜻을 지닌다. 뭔가 손에 쉽게 닿고 언제든 이용할 수 있는 것들은 우리의 결정에 강력한 영향을 미친다. 우리는 하나의 토대에 근거하여 모든 결정을 내리는데 이 토대는 여러 정보로 이루어져 있다. 우리는 수많은 정보 가운데 익숙하며 접근이 쉬운, 이미 수중에 있는 정보들을 끌어다가 결정의 토대로 쓴다. 어쩌면 이보다 더 중요할지도 모르지만 손을 뻗어 조사해야 하는 정보들은 애써 찾아 쓰지 않는다.

예를 들어보자. 일반적으로 기업의 경영진들은 그날그날 정해진 의사일정을 차례로 따르며 회사를 관리한다. 혹여나 더 중요한 의제가 있더라도 의사일정에 올라오지 않았다면 다루지 않는다. 정치 분야에서도 마찬가지다. 나는 현재 스위스의 수도인 베른에 살고 있는데, 이 도시는 그리 크지 않아서 정부 기관에서 일하는 사람과 어렵지 않게 만날 수 있다. 비교적 지위가 높은 한 공무원이 나에게 이야기하기를, 매주 연방 각료 회의에서 브리핑을 할 때면 제일 먼저 매체의 논평에 관한 이야기가 쏟아진다고 한다. 심각하게 다루어야 할 더 중요한 주제들이 있음에도 매체에서 보도하는 논평이 늘 맨 앞자리를 차지하는 것이다. 그때마다 이 공무원은 사람들에게 우선순위를 환기하느라 애를 먹는다고 한다. 뉴스는 우리의 의식에서 다른 모든 걸 밀어내고 우선순위를 차지할 정도로 엄청난 힘을 지니고 있다. 이런 상태에선 이성적인 결정을 내리기가 거의 불가능하다.

뉴스를 소비하면 당신은 뉴스를 결정의 토대로 사용하게 된다.

뉴스의 내용이 당신이 다루는 주제와 관계가 없더라도, 의식의 맨 위에 있다는 이유로 말이다. 이러한 과정은 무의식적으로 일어난다. 예컨대 지구 반대편에서 벌어진 비행기 추락 사고를 뉴스를 통해 들었다고 생각해보자. 당신은 내일 계약을 위해 런던으로 날아갈 예정이었지만, 그 사고 소식으로 인해 약속을 연기하고 비행기에 오르지 않을지도 모른다. 뉴스에 등장한 비행기와 당신의 런던행 비행기는 아무런 상관이 없음에도 말이다. 뉴스가 당신의 결정에 영향을 미치고, 당신은 뉴스를 결정의 토대로 사용하는 위험에 빠진 것이다.

뉴스는 뇌를 편안하게 만든다. 우리는 그 안락함 속에 빠져 헤어 나올 줄 모른다. 사진과 영상이 감정적이고 자극적일수록 이들은 더 많은 공간을 차지한다. 뉴스가 사고의 맨 앞에 자리하면 그로 인해 다른 모든 정보들보다 훨씬 쉽게 이용하게 된다. 즉 가용성이 높다. 통계 자료, 역사 비교, 복잡한 논증과 반론 등이 더 나은 결정의 토대가 된다 하더라도 이런 정보들은 차선으로 밀려난다.

논쟁에서 권력은 주제를 선점하는 데 있다. 당신의 인생에서 중요한 주제를 뉴스가 차지하게 내버려 두면, 당신의 삶을 좌우할 어마어마한 권력을 언론에 허용하고 있는 셈이다. 인생의 운전대를 남에게 내주고 싶어 하는 사람은 없다. 당신도 본인의 운전대를 직접 쥐고 싶을 것이다. 그렇지 않은가? 기자에게 조종 장취를 넘겨주어서는 안 된다. 이들은 '쉽게 접할 수 없는' 것을 '존재하지 않는' 것으로 치환해버린다. 쉽게 접할 수 없지만 가치 있는 정보를 찾아 나설 예산도 시간도 없기 때문이다. 그들이 바꾸어놓은 것을 뉴스 소비자인 우리는 그대로 받아들이게 된다.

그런데 여기에서 끝이 아니다. 기자들이 저지르는 중대한 실수가 하나 더 있다. 바로 '예방하는' 조치를 마치 '존재하지 않는' 것처럼 바꾸어 우리에게 혼란을 주는 것이다. 불행한 참사를 미리 저지하는 영웅적 행위, 즉 예방 조치는 기자들의 시야에 거의 들어오지 않는다. 보통 기자들이 취재하는 것은 소방차가 투입되는 화재 현장이다. 누군가가 신중하게 행동하여 미연에 방지한 화재 사고에 대한 탐사 보도를 쓰는 기자는 없다. 화재와 맞서 싸우는 것보다 화재를 저지하는 일이 훨씬 더 효율적임에도, 기자들은 초점을 예방보다 사후 행동에 맞춘다.

2001년에 발생한 9·11 테러도 만약 누군가 미국의 항공 당국을 설득해 비행기 조종실에 방탄 장치를 설치했다면 막을 수 있었을지도 모른다. 그러나 그 어떤 기자도 이런 문제 제기를 하는 사람에 대해 쓰지 않는다. 뉴스는 병원의 응급조치나 전쟁 지역의 구조 활동, 그리고 기업의 구조 개혁 등은 보도하지만, 이런 일을 예방한 행동은 전하지 않는다.

날마다 각자의 자리에서 임무를 완수한 이들 덕분에 무수한 사건, 사고가 예방되고 있다. 기술자들이 튼튼하게 건설한 덕분에 고속도로 다리가 무너지지 않으며, 조종사들은 안전하게 이착륙을 한다. 이 모든 예방 조치가 매우 현명하며 사회적으로 가치 있는 행위지만, 기자의 눈에도 소비자의 눈에도 잘 보이지 않는다. 이 같은 예방 행위에도 노벨상을 줄 것을 제안하고 싶다.

기자들이 저지르는 세 번째 실수를 짚고 넘어가야겠다. 기자들은 '부재하는 것'을 '중요하지 않은 것'으로 치환한다. 지금은 부재하고 벌어지지 않는 일도 굉장히 중요할 수 있다. 예를 들어 지난 10년 동안 '기대 인플레이션expected inflation(물가가 오를 거라는 기대 심리)'이 부재했으며, 2010년부터 '유로화 붕괴'에 대한 기대 또한 부재했다. 여기에 더해 전 세계적으로 유행병이 돌 거라는 예상 통계 수치도 부재했다. 하지만 현재 존재하지 않는다고 해서 중요하지 않은 것은 아니다. 기자들의 감각은 현재 벌어지고 있는 사건에만 예민하게 반응한다. 하지만 이번에 개에 물리지 않았다고 해서 개가 짖는 신호를 무시하면 언젠가 문제가 일어날지도 모른다.

테이크아웃

기자들에게는 맹점이 있다. 이는 기자의 결함이 아니라 뉴스 형식의 문제이다. 기자들은 '쉽게 접할 수 없는 것'을 '존재하지 않는 것'으로, 그리고 '부재하는 것'을 '중요하지 않은 것'으로 치환한다. 언론의 맹점을 자신의 것으로 만들어 스스로의 시야를 가리지 말자. 뉴스를 끊고 세상을 다시 또렷하게 바라보는 법을 배우자!

유전자 변형 식품과 인공지능에 대한 당신의 견해

유전자 변형GMO 식품에 대해 당신은 어떻게 생각하는가? 인공지능AI을 규제하는 법이 필요하다고 생각하는가? 자율 주행 자동차는 어떻게 보는가? 중독성이 낮은 약한 마약Soft drug의 자유화를 찬성하는 입장인가?

이와 유사한 질문을 받으면 당신의 뇌는 즉시 의견을 만들어낸다. 해당 주제의 전문가가 아니더라도 나름의 견해를 활발하게 생산하는 것이다. 이는 의견의 화산이 폭발하고 통제가 불가능해지는 전형적인 행동 오류로 이어진다. 다시 말해 ① 실제로 크게 관심이 없고, ② 근본적으로 제대로 답할 수 없으며, ③ 단순한 우리의 뇌에 비해 너무도 복잡한 질문에 대한 의견을 형성하게 된다. 이해를 돕기 위해 각각의 경우에 들어맞는 예를 하나씩 소개하겠다.

먼저 평소 관심이 없던 사안에 답하는 예를 들어보자. 몇 년 전 운동선수들의 도핑 문제가 불거지면서 세간이 떠들썩한 적이 있었다. 그 분위기에 휩싸이다 보니 나 또한 문득 사안에 대한 의견이 생겨나면서 견해를 쏟아냈다. 당시 나는 해당 스포츠 종목의 팬도 아니었고, 그렇다고 다른 스포츠를 열렬히 좋아하는 것도 아니었다. 게다가 문제의 당사자들이 성과를 내기 위해 무엇을 했든 나와는 아무런 상관이 없었다. 그럼에도 갑자기 나만의 견해가 생겼다. 그때 내가 사안을 외면했더라면, 의견을 만들기 위해 내면에서 벌어진 혼란과 소요를 겪지 않을 수도 있었다. 의견의 활화산이 끓어오른 덕에 한동안 나의 내면은 잠잠할 틈이 없었다. 나는 아직도 기억한다. 그 주제에 관한 뉴스 기사를 우연히 마주했던 순간을. 그 뉴스에 빠져들지 않았더라면 내 의견의 화산은 잠잠하게 휴식기를 보냈을 것이다.

이번에는 근본적으로 알 수도 답할 수도 없는 문제에 의견을 형성하게 되는 경우를 생각해보자. 내년 여름의 날씨는 어떨까? 화창한 날씨가 계속될까? 스위스의 아주 외딴 곳에 무오타탈이라는 골짜기가 있다. 그곳에 사는 몇몇 산지 주민들은 스스로를 '무오타탈의 날씨 탐지꾼Wetterschmöcker'이라 부른다. (사전에는 없는 단어지만 궁금하면 직접 찾아보길 바란다. 말하자면 날씨 냄새를 기가 막히게

맡는다는 뜻이다.) 이들은 개미와 전나무 방울, 그리고 다른 여러 자연 현상을 참고하여 계절의 날씨를 예측할 수 있다고 한다. 농담이 아니다. 산속 깊은 곳에 산다고 해서 단순하거나 어리석다고 생각하면 큰 오산이다. 이들은 매체에 굉장히 자주 등장하며 매체 앞에서 매우 노련하게 대응한다. 날씨 탐지꾼들은 비교적 예리하게 계절을 예측한다.

물론 예측은 빗나가기 마련이다. 특히 날씨는 정확히 예측할 수 없는 영역이다. 날씨 탐지꾼들도 이를 알고 있다. 그럼에도 신문이나 텔레비전 방송국은 꾸준히 이들을 찾아가 의견을 묻는다. 질문을 던지면 날씨 탐지꾼들은 자신이 관찰한 내용과 지식을 바탕으로 의견을 낸다. 홍개미들이 어떻게 움직였는지, 전나무 방울들이 얼마나 촉촉했는지 등을 종합하느라 머릿속에서 활화산이 터지는 것이다. 사실 다음 여름의 날씨가 어떨지 알 수 있는 사람은 아무도 없다. 그저 어느 산골짜기에서 작은 의견의 화산이 터진 것뿐이다. 그러니 이들의 의견을 자세히 들여다볼 필요는 없다.

마지막으로, 뇌가 수용하기에 너무나 복잡한 질문임에도 의견을 갖게 되는 사례를 살펴보자. 향후 20년 내에 세계대전이 벌어질까? 이건 대답이 불가능한 질문이다. 하지만 뉴스 소비자라면,

중국과 미국 사이의 긴장이 고조되고 있다는 기사를 거의 매일 접할 것이다. 그렇다면 두 강대국은 조만간 충돌할까? 다른 건 몰라도 확실하게 말할 수 있는 건 딱 하나다. 그럴 가능성은 0퍼센트보다 크며 100퍼센트보다 작다. 언론이 지정학적 긴장 관계를 집중적으로 보도한다고 해서, 현실에서 정말 세계대전이 일어날 가능성이 높아지는 것은 아니다. 보도의 강도와 전쟁 발발 사이에는 아무런 관계가 없다.

그럼에도 우리는 복잡하고 어려운 질문을 접하면, 곧바로 이쪽 아니면 저쪽 편에 서려는 경향이 있다. 그렇게 한쪽 편에 선 다음에서야, 우리의 입장을 받쳐줄 근거를 찾기 시작한다. 이른바 감정 휴리스틱affect heuristic, 즉 감정 편향이 일어나는 것이다. 어떤 '감정'은 즉각적이고 일차원적이며 2가지 형태로만 표출된다. 긍정적이거나 부정적이거나. 그래서 이 감정은 '마음에 들어' 아니면 '마음에 들지 않아'밖에 모른다. 누군가의 얼굴을 보았다, 마음에 들어. 살인 사건 소식을 들었다, 마음에 들지 않아. 주말에 날씨가 좋다, 마음에 들어. 비가 온다, 마음에 들지 않아. 긍정 아니면 부정밖에 모르는 이 감정은 제대로 된 답을 내놓아야 하는 어려운 질문 앞에서도 이런 식으로 스스로를 정당화한다. 마음에 들지 않아서 반대, 마음에 들어서 찬성 쪽에 서는 것이다. 뉴스는 불필요한 감정을 생성하는 데 탁월하다. 다들 짐작하겠지만, 감정 없이 뉴스를 소비하기란 거의 불가능하다. 그러므로 소비하지 않는 것이 최선이다.

요약하자면, 우리가 하나의 확고한 의견을 형성할 수 있다고 생각하는 건 심각한 착각이다. 뉴스는 우리가 끝없이 의견을 만들어내도록 몰아붙이며, 그 과정에서 우리의 집중력과 내적 평화는 무너진다. 뉴스를 소비하면 당신은 끝없이 의견을 만들게 될 것이다. 그러지 말고 조금은 고상하게, 마르쿠스 아우렐리우스의 말을 마음에 새기는 건 어떨까. 로마의 황제이자 철학자였던 그는 역사상 가장 훌륭한 정치인 중 하나였다. 그는 2천 년 전에 다음과 같이 권했다. "다른 이들에 대해 의견을 만들어내느라 너의 시간을 허비하지도, 영혼을 불안에 빠트리지도 말라. 너의 능력 밖에 있는 사물에 대해선 선이다 악이다 판단하지 말라."

테이크아웃

당신의 의견 대부분은 큰 의미가 없다. 실제로 관심도 없고, 제대로 답할 수 없는 주제가 대부분이기 때문이다. 그러니 우리 모두 에너지 소모를 줄이자. 뉴스로 인해 머릿속과 감정이 화산처럼 끓어오르는 일은 없도록 하자. '의사 부재의 자유'가 있다는 사실을 잊지 말자.

노벨 경제학상 수상자의 이야기 -정보 과부하의 위험성

파리 여행을 1분 동안 하는 사람은 없다. 30초 동안 루브르박물관을 뛰어다니는 사람도 없다. 왜 그럴까? 뇌가 새로운 인상이나 느낌을 수용하려면 예열 과정이 필요하기 때문이다. 그래서 우리는 천천히 시간을 두고 여행을 한다. 읽기도 마찬가지다. 글을 읽기 위한 집중력을 모으려면 최소한 10분을 바쳐야 한다. 집중을 위한 예열 과정을 짧게 잡으면 우리의 두뇌는 정보들을 그저 피상적으로 처리하며, 이런 경우 정보들이 저장되지 않을 수 있다.

스스로에게 한번 물어보자. 지난달에 가장 중요했던 10가지 뉴스는 무엇인가? 그 가운데 현재까지도 뉴스로 다뤄지는 것은 몇 개인가? 대부분의 사람들은 5개도 꼽지 못할 것이다. 당신의 지식에 아무런 기여도 하지 않는 것들을 도대체 왜 소비하려 하는가?

온라인 뉴스는 종이 신문보다 집중력에 더 나쁘다. 니콜라스

카의 한 연구에 의하면, 문서에 하이퍼링크가 많을수록 텍스트 이해도가 떨어진다고 한다. 그 이유는 무엇일까? 각각의 링크를 맞닥뜨릴 때마다 뇌가 클릭을 할지 말지 여부를 결정해야 하기 때문이다. 이를테면 두뇌에 지속적인 '전환'이 일어나는 것이다. 즉 누군가가 끊임없이 문을 두드리거나, 한시도 쉬지 않고 전화가 울리는 상황과 비슷하다.

그러나 제일 격한 전환은 온라인 동영상을 볼 때 일어난다. 특히나 첫 장면이 자극적이고 선정적일 경우 전환의 폭이 크다. 급격한 전환으로 집중력을 잃은 뇌는 이런 영상을 클릭하지 않으려는 의지력을 거의 발휘하지 못한다. 그러면 결국 소중한 몇 분이 흘러가고 만다. 엄밀히 말하면 몇 분보다 더 많은 시간이 경과하게 된다. 이어서 또 다른 영상이 추천 목록으로 뜨기 때문이다. 그렇게 다음 또 다음 영상으로 이어진다. 한참이 지나고 나서 당신은 문득 시계를 보며 생각할 것이다. 시간이 언제 이렇게 흘렀지?

노벨 경제학상 수상자인 허버트 사이먼은 이미 반세기 전에 이 문제를 알고 있었다. "정보가 무엇을 소비하는지는 꽤 명백하다. 정보는 바로 수신자의 주의를 소비한다. 정보의 풍요는 주의의 빈곤을 낳는다." 허버트 사이먼의 시대에는 (우체통이 달그락거리는 소리나 저녁 뉴스 시작을 알리는 '땡' 소리가 날 때까지) 뉴스를 참고 기다려야 했으며, 아니면 뉴스를 찾아 신문 판매점으로 길을 나서야 했다. 반면 지금 우리는 애써 기다리거나 발품을 팔지 않아도 어디서나 뉴스를 접할 수 있는 시대를 살고 있다. 차고 넘치는 뉴스로 인해 우리는 주의의 빈곤을 겪게 됐고, 일상은 헤아릴 수 없을 만큼 자주 중단된다. 이제 우리가 뉴스를 찾는 것이 아니라, 뉴스가 우리를 찾아온다. 우리가 어디에 있든 상관없이 말이다.

우리는 왜 이토록 쉽게 디지털 전환에 빠져드는 걸까? 뉴스를 생산하는 언론사들은 소비자들의 관심을 끄는 사진과 영상의 알고리즘을 정확히 알고 있다. 이 알고리즘은 매달 개선되므로, 안타깝게도 우리의 여건은 갈수록 악화된다. 우리가 웹서핑을 할 때마다 온갖 뉴스가 우리의 관심을 끌고, 대부분의 경우 우리의 의지는 꺾이고 만다. 이처럼 얻을 것 하나 없는 전쟁터에 당신의 뇌를 내보내는 이유는 무엇인가?

득이 없는 상태로 끝나면 그나마 다행이다. 하지만 현실은 더 심각하다. 뉴스를 소비하면 아무것도 얻지 못할 뿐 아니라 더 많은 것을 잃게 된다. 집중력만 잃는 게 아니라, 당신에게 보다 유익하고 가치 있는 것들을 접하려는 의지력도 잃는다. 미국의 심리학 교수 로이 바우마이스터는 인간의 의지력이 마치 근육처럼 작동한다는 사실을 밝혔다. 즉 단기간 동안 한꺼번에 사용하면 이내 지치지만, 장기간에 걸쳐 훈련을 거듭하면 강화할 수 있다는 것이다.

마라톤을 한번 뛰고 나면 더 이상 테니스공처럼 종종거리며 뛸 수 없다. 근육의 에너지원인 아데노신 삼인산adenosine triphosphate, ATP이 고갈되면 다시 채워주어야 한다. 의지력도 마찬가지다. 바우마이스터는 이런 맥락에서 의지력 고갈이라는 표현을 사용했다. 의지력이 한번 고갈되면, 힘과 결단력을 필요로 하는 과업들을 더 이상 수행할 수 없는 상태에 이른다. 뉴스를 지나치게 많이 소비한 날, 소모한 시간에 비해 업무 성과가 유독 불만족스러운 이유가 여기에 있다. 고갈된 의지력 때문에 더 이상 업무를 제대로 해낼 수 없는 것이다.

뉴스 사이트에 방문하여 전쟁을 벌여봐야 당신은 어차피 지게 되어 있다. 여기에서 살아남을 수 있는 유일한 이성적 전략은 전쟁터에 발을 들이지 않는 것이다. 다시 말해 뉴스 사이트 방문을 차단하면 된다. 그나저나, 당신은 왜 이런 기업들에게 당신의 소중한 시간과 집중력, 그리고 개인정보까지 기꺼이 내주려고 하는가? 그렇게 내주고 돌아오는 것이라곤 광고뿐인데 말이다. 상상할 수 없을 만큼 형편없는 거래가 아닌가! 뉴스는 정신을 오염시킨다. 당신을 오염 물질로부터 보호하고 깨끗한 상태를 유지하길 바란다.

테이크아웃

뉴스의 비즈니스 모델은 우리의 집중력을 최대한 전환시키도록 구성된다. 당신이 뉴스 사이트를 방문할 때마다 유혹과 의지 사이에 치열한 각축전이 벌어지지만 대부분 의지가 패배한다. 이런 싸움에 발을 들이지 말자.

뉴스의 중독은
읽기 능력을 떨어뜨린다

뇌는 대략 870억 개의 신경세포로 이루어져 있으며, 이들은 100조 개의 시냅스로 연결되어 서로 신호를 주고받는다. 오래전부터 학자들은 성인이 되면 두뇌가 완전히 형성된다고 추정했다. 하지만 오늘날에는 성인이 된 이후에도 두뇌가 끊임없이 변화한다는 사실이 잘 알려져 있다. 신경세포들이 정기적으로 오래된 연결을 끊고 새로운 연결을 맺으면서 두뇌가 변화하기 때문이다. (보다 정확히 표현하면, 신경세포막에 있는 수용체의 민감도가 변화한다고 할 수 있다.) 뉴스의 범람과 같은 새로운 문화적 현상을 받아들이면, 뇌도 그에 따라 구조가 바뀐다. 생물학적 차원에서 뉴스에 순응하게 되는 것이다. 뉴스는 두뇌의 회로를 바꾼다. 그러면 뇌는 이전과는 다르게 작동한다.

런던에서 택시 기사로 일하려면 어마어마하게 많은 지식을 머릿속에 담아야 면허를 받을 수 있다. 런던에는 약 2만 5천 개의 도로가 있으며 관광 명소 또한 무수히 많다. 그래서 런던의 택시 기사들을 교육하는 데는 3년에서 4년의 시간이 걸린다. 도시 전체의 지도가 머리에 저장될 때까지 훈련하는 것이다.

이처럼 시간과 비용이 상당히 들어가는 런던의 택시 기사 교육은 어쩌면 구글 지도 덕분에 머지않아 역사의 뒤안길로 사라질지도 모른다. 유니버시티 칼리지 런던의 학자 엘리노어 맥과이어와 캐서린 울레트 그리고 휴고 스피어스는 이 훈련 과정을 지켜보며 연구를 진행했다. 이들은 택시 기사들의 머릿속에 있는 도로 지식을 들여다보고 싶었다. 구체적으로 말하자면, 택시 기사가 되면 뇌 구조가 어떻게 달라지는지 알고 싶었다. 학자들은 택시 기사가 되려고 준비 중인 사람들과 버스 기사들을 통제 집단으로 삼아 시간 간격을 두고 여러 차례 자기 공명 영상MRI을 촬영했다. (버스 기사들은 늘 정해진 도로로만 다니기 때문에, 2만 5천여 개의 도로를 알 필요가 없다.)

측정 초반에는 두 집단 사이에 차이가 발견되지 않았다. 택시 기사를 준비하는 사람들과 버스 기사들의 뇌 구조는 다를 바가 없었다. 그런데 몇 년이 지나 택시 기사들이 면허를 취득하고 난 뒤에 이들의 뇌 구조가 크게 변화했다. 무엇보다 장기 기억에 중요한 영역인 해마가 두드러지게 커져 있었다. 택시 기사들의 해마에는 버스 기사들보다 확연히 더 많은 신경세포가 자리하고 있었다. 해가 거듭될수록 둘 사이의 뇌 구조는 더욱 달라졌다. 택시 운전사들의 '머릿속 지도'는 버스 기사들보다 분명 뛰어났다. 하지만 새로운 기하학 무늬를 인지하는 능력은 버스 기사에 비해 크게 떨어졌다. 뇌에서 한 영역이 발달하면 다른 영역은 퇴보할 수 있다. 이와 유사한 뇌 구조 변화는 음악가나 곡예사, 그리고 수개 국어의 환경에서 자라난 사람들에게서 관찰된다.

도쿄대학교의 켑-키 로와 가나이 료타는 매체 소비가 두뇌에 미치는 영향을 다음과 같이 밝혔다. 다양한 매체를 동시에 소비하는 일이 잦은 사람일수록 전측 대상피질의 뇌세포가 더 적게 관찰되었다. 전측 대상피질은 주의 집중, 충동, 그리고 도덕적 사고의 통제를 주관하는 영역이다. 실제로 뉴스 중독자들은 집중력 감소와 감정 통제 불능 등의 증상을 호소하곤 한다.

더 많은 뉴스를 소비할수록 두뇌의 신경 회로는 정보를 대충 훑어보며 멀티태스킹에 능한 쪽으로 단련된다. 그러면서 동시에 깊이 있는 독서와 심오한 사고에 필요한 회로들은 위축된다. 단언컨대 열렬한 뉴스 소비자의 대다수는 더 이상 장문의 기사나 책을 제대로 읽을 수 없을 것이다. 뉴스에 빠지기 전에 아무리 대

단한 독서광이었다 하더라도 예외는 없다. 이건 내가 직접 경험했기 때문에 잘 안다. 책이든 기사든 네 쪽을 넘어가면 주의력이 떨어지고 마음이 불안해진다. 이건 나이가 들어서도 일상이 빠듯해서도 아니다. 진짜 원인은 뇌의 물리적 구조가 변했기 때문이다. 캘리포니아대학교의 마이클 머제니치는 이렇게 말한 바 있다. "우리는 그 어떤 사소한 것에도 주의를 기울일 수 있도록 뇌를 훈련해야 한다."

만일 당신이 책벌레가 아니라면, 뉴스로 상실한 읽기 능력을 쉽게 회복할 수 있을 거라 생각할지도 모른다. 그러나 깊이 있는 독서는 명료한 사고와 떼려야 뗄 수 없는 관계다. 즉 읽기 능력을 되찾고 싶으면 하나의 주제에 집중해 파고들어야 한다. 그러므로 뉴스로부터 자유로워지려면 정신적 단식이 필수적이다. 내 경험에 의하면 긴 글을 피로감 없이 받아들일 정도로 뇌가 원래의 구조를 되찾기까지 약 1년이라는 뉴스 금단 시간이 필요하다. 뉴스 끊기를 일찍 시작할수록 당신은 보다 빨리 이 지점에 도달할 수 있다. 첫 시작이 고되다고 해서 중도에 포기하지는 말자. 모든 일이 늘 그렇듯이, 고된 만큼 충분한 보답이 돌아올 것이다.

테이크아웃

뉴스를 소비하면 뇌가 짧은 정보를 훑어보며 멀티태스킹에 능한 쪽으로 단련되는 반면 긴 텍스트와 깊이 있는 사고를 다루는 신경 회로들은 위축된다. 별다른 피로감 없이 장문의 기사와 책을 읽고 싶다면 지금 당장 뉴스 소비를 중단해야 한다!

학습된 무기력

뉴스의 대부분은 당신의 손이 미치지 않는 것들을 다룬다. 테러리스트들이 폭탄을 터트리든, 어느 섬에서 화산이 폭발하든, 사하라 사막의 기근으로 수십만 명이 목숨을 잃든, 미국의 대통령이 허무맹랑한 트윗을 날리든, 난민들의 물결이 가속화되든, 애플이 새로 출시하는 기기에서 이어폰 단자를 없애든, 폭스바겐이 배기가스 시험 결과를 조작하든, 브래드 피트와 안젤리나 졸리가 결별하든 이 모든 것은 당신의 통제 밖에 있다. 뉴스로 보고 듣는 것들 중에 당신이 직접 영향력을 행사할 수 있는 소식은 거의 없다.

뉴스는 우리가 바꿀 수 없는 것들, 즉 통제 밖에 있는 소식들을 연신 전하며 우리를 수동적으로 만든다. 우리가 우울과 절망 그리고 염세주의에 빠질 때까지 몰아붙인다. 우리는 온갖 사건과 사고에 개입해 이 세상을 조금이라도 더 나은 곳으로 만들고 싶어 한다. 하지만 슬프게도 그럴 수 없다. 우리에게는 부양할 가족이 있고, 우리의 시간은 한계가 있으니 말이다. 지구 반대편에서 일어난 화산 폭발과 테러리스트의 폭탄을 어떻게 막으며 사람들을 구한단 말인가? 재난 뉴스를 소비하는 우리는 이에 맞서 아무것도 할 수 없다는 사실을 인식하게 된다.

우리가 통제할 수 없는 상황의 모호한 정보와 마주하면 뇌는 수동적으로 작동한다. 능동적으로 행동하려는 충동이 사라지는 이 상태를 심리학에서는 학습된 무기력이라 부른다. 미국의 심리학자 마틴 셀리그먼과 스티븐 마이어는 1960년대에 동물실험을 통해 학습된 무기력을 밝혀냈다. 실험에서 두 학자는 쥐의 꼬리에 철사를 묶었다. 그 다음 철사를 통해 쥐에게 전기 충격을 가했다. 전기 충격은 고통스러운 수준이 아니라, 쥐에게 성가시고 불쾌한 자극을 주는 정도였다. 첫 번째 집단의 쥐들은 손잡이를 돌리면 전기 충격을 끌 수 있도록 설정했다. 즉 이들은 상황을 통제할 수 있었다. 한편 두 번째 집단은 손잡이를 돌려도 전기 충격이 멈추지 않았다. 이 쥐들은 바꿀 수 없는 운명에 내맡겨진 셈이었다.

두 집단의 쥐들에게 가해진 전기 충격의 강도와 빈도는 동일했다. 그럼에도 자극이 거듭될수록 둘 사이의 행동에 확연한 차이가 드러났다. 첫 번째 집단의 쥐들은 눈에 띄는 행동을 보이지 않았

다. 이들은 마치 아무 일도 일어나지 않은 것처럼 평범하게 이리저리 지나다녔다. 반면 두 번째 집단의 쥐들은 또렷이 변화했다. 성격이 완전히 달라진 것이다. 이들은 소심하고 수동적인 모습을 보였고, 성적 욕구도 더 적었으며, 일상에서 느끼는 즐거움이 크게 줄어드는 무쾌감증을 드러냈다. 더불어 새로운 것에 반감을 가지며, 불확실한 대상을 두려워 했다.

우리가 뉴스를 통해 받는 충격은 두 번째 집단의 쥐들이 받은 전기 충격과 유사하다. 뉴스 기사와 사진들이 전기 충격처럼 우리의 감정을 파고들어도, 우리는 돌릴 수 있는 손잡이가 없다. 현명한 사람이라면 뉴스의 보급로를 차단할 것이다.

그런데 여기서 방심하기엔 아직 이르다. 학습된 무기력으로 인한 수동성은 뉴스 주제에만 국한되지 않기 때문이다. 학습된 무기력은 우리 삶의 모든 영역으로 흘러든다. 뉴스가 일단 우리를 수동적으로 만들면, 행동의 자유가 주어지는 회사와 가정생활에서도 우리는 차츰 수동적인 태도를 취하게 된다.

억지스러운 해석으로 들릴 수도 있겠으나, 나는 뉴스 소비가 우울증이라는 병에 일부 기여했다고 밝혀져도 그리 놀라지 않을 것 같다. 시간상으로 보면 우울증의 확산과 뉴스의 범람은 시기가 맞물려 있다. 영국의 언론학자 조디 잭슨도 이와 비슷한 관점으로 다음과 같이 말했다. "뉴스를 소비하면, 언젠가 해결될 거라는 희망조차 희박하며 결코 풀리지 않을 문제에 지속적으로 직면하게 된다." 따라서 뉴스 소비가 우울한 감정으로 이어진다고 해도 딱히 놀랍지 않다. 뉴스는 해결이 거의 불가능한 문제들을 주로 보도하기 때문이다.

위대한 철학자 에픽테토스는 약 2천 년 전에 《편람Enchiridion》이라는 책의 첫문장을 이렇게 시작했다. "어떤 것은 우리 마음대로 할 수 있는 반면, 또 어떤 것들은 우리의 통제 밖에 있다." 이 문장의 핵심은, 우리의 통제 밖에 놓인 것들을 생각하는 행위는 어리석다는 사실이다. 뉴스를 통해 접하는 대부분의 소식에 우리의 영향력은 미치지 않는다.

테이크아웃

뉴스에 나오는 소식의 99퍼센트는 당신의 통제 밖에 있다. 당신이 아무런 영향도 미칠 수 없는 것들을 계속해서 접하다 보면 '학습된 무기력'이라 불리는 심리적 구렁텅이에 빠지게 된다. 일종의 우울증인 학습된 무기력은 당신의 인생 전체로 번진다. 뉴스의 수도꼭지를 잠그고 이 구렁텅이에서 나오기를 바란다. 그리고 당신의 통제하에 있는, 인생과 직결된 것에 집중하자.

창의적인 아이디어는 뉴스와 무관하다

나는 창의적인 사람들 가운데 뉴스 중독자를 본 적이 없다. 뉴스에 중독되었다는 작가, 작곡가, 수학자, 물리학자, 음악가, 디자이너, 건축가, 그리고 화가는 들어본 적이 없다. 비유하자면 이들의 머릿속은 아무도 없는 널찍한 공간이다. 이들은 그 공간을 자유롭게 떠돌아다니며 기발한 아이디어를 떠올리고 또 이를 실현시킨다. 이와 달리 창의성과는 전혀 무관한 사람들은 엄청난 양의 뉴스를 소비한다.

그 이유는 무엇일까? 뉴스를 다량으로 소비하는 사람들은 왜 창의적이지 않을까? 어떤 질문이나 문제 앞에서 이들이 내놓는 첫 아이디어는 대체로 어디에선가 이미 보고 들은 것이다. 이들의 머릿속에서 번쩍 하고 튀어나온 첫 번째 생각이 창의적인 경우는 극히 드물다. 그래서 나는 책이나 장문의 기사를 읽기 전에 일부러 잠시 시간을 두고 해당 주제와 관련된 나만의 생각을 떠올리려 애쓴다. 무척 힘들기는 하지만 그만큼 가치가 있다.

책이든 기사든 일단 읽기 시작하면 뇌는 지은이의 생각으로 채워진다. 그럼 더 이상 나만의 생각이 생겨날 기회는 거의 없다. 하지만 이와 달리 무언가를 읽기 전에 일종의 사전 의식을 치르면, 지은이의 생각과 나만의 생각을 비교하면서 보다 깊이 내용을 이해하게 된다. 때론 지은이와 나의 생각이 일치하고 때론 어긋나기도 하는데, 이는 결코 중요하지 않다. 정말 중요한 건 지은이와 정신적 논쟁을 벌이며 얻은 독서 경험이다.

이런 전략을 뉴스를 통해 실천하기는 어렵다. 뉴스는 고유의 생각을 떠올릴 수 없도록 구성돼 있기 때문이다. 뉴스는 사고할 시간을 주지 않는다. 나만의 생각을 떠올리기도 전에 뉴스가 이미 머릿속에 새겨지기 때문이다. 뉴스는 짧고 요란하며, 극도의 간결함과 속도감을 자랑한다. 즉 아무 생각 없이 소비하기에 완벽한 매체다. 여기에 더해 뉴스는 우리의 창의성을 파괴한다. 이는 앞에서 다루었던 집중력과 연관이 깊다. 창의성에는 집중력이 필요하다. 잇달아 뉴스에 관심을 돌리는 사람은 새로운 생각을 끄집어낼 수 없다. 프리드리히 니체의 표현처럼, "춤추는 별을 낳으려면" 고요한 '분만실'이 필요하다.

종종 나는 다음과 같은 반론을 듣곤 한다. 우리가 스스로의 능력 범위(앞에서 언급했다)에만 들어맞는 정보를 받아들이고 그 외의 모든 것을 무시하면, '행복한 우연'(영어식 표현으로는 세렌디피티)이 찾아들 기회가 사라진다는 것이다. 즉 전혀 상관없는 분야의 정보지만 도움이 될 정보를 얻게 될 기회 말이다. 하지만 나는 다르게 본다. 우연의 힘은 너무 과대평가돼 있다. 가슴에 손을 얹고 진지하게 손꼽아보자. 당신과 전혀 상관없는 분야의 정보가 당신의 능력 범위를 강화한 경우가 과연 얼마나 되는가? 아마 거의 없을 것이다. 물론 가능한 한 모든 영역의 지식과 정보에 마음을 여는 자세는 중요하다. 우리는 낯선 분야에서 창의적인 생각을 얻기도 한다. 그렇지만 전공과 동떨어진 영역의 정보를 받아들이며 시간을 보내다 보면, 전문 영역을 철저하게 갈고닦을 시간이 모자라게 된다. 하루는 24시간에 불과하다.

그럼에도 반드시 다른 구역을 탐색하고 싶다면, 한 달에 반나절 정도를 할애하여 대형 서점에 들르는 걸 추천한다. 그곳에서 가능한 한 많은 분야의 신간 서적들을 골라 훑어보자. 그리고 그들 중 몇몇을 구매해 책장에 꽂아 넣자. 여기까지는 창의력에 해가 되지 않는다. 하지만 매일같이 뉴스 사이트를 뒤적이면서 경력을 '비행 고도'처럼 끌어올려줄 창의적인 생각이 생겨나기를 바라지는 말자. 그런 일은 절대로 일어나지 않는다. 뉴스 서핑에 시간을 보내면 창의력은 비행 고도처럼 높아지기는커녕 끊임없이 하강할 것이다. 내 경험에 비추어 한 가지를 더 추천하자면, 다른 분야의 다양한 전문가를 정기적으로 만나는 것도 좋다. 나와 다른 분야의 장인, 대가, 학자, 그리고 전문가들과 만나지 않을 이유는 없다. 그들의 이야기를 들으면서 나의 세계를 그들에게 전할 수 있고, 이를 통해 그들의 세계도 더욱 풍요로워진다.

뉴스 중독자들은 뉴스를 소비하면 완전히 새로운 관점이 열린다는 주장으로 본인들의 행동을 정당화하곤 한다. 그러나 한 걸음 떨어져 뉴스의 물결을 바라보면 그 흐름은 언제나 똑같다. 여기에서 스캔들, 저기에서 폭탄, 여기에서 배우, 저기에서 중앙은행장, 국가 원수들의 악수, 운동선수들의 기록 경신, 기업가들의 기자회견, 특정 산업의 약진, 다른 부문의 부진, 널뛰는 증시, 어디에선가 격분하고 있는 어떤 사람들, 그리고 이따금 하늘에서 추락하는 비행기. "다들 천천히 알게 될 것이다. 전혀 새로울 게 없다는 것을." 일찍이 막스 프리슈는 매체에 관해 이렇게 썼다. 이를테면 영원불멸의 진단을 내린 셈이다.

그 밖에도 내가 자주 듣는 비난이 하나 더 있다. 엄격한 방식으로 뉴스 끊기를 감행하면 뭔가 중요한 것을 놓칠뿐더러, 평생 '전공 바보'로 머문다는 것이다. 여기서 말하는 전공 바보가 '대가'를 뜻한다면 그 주장은 틀리지 않다. 자신을 위해 그리고 사회를 위해 진정으로 가치 있는 일은 각자의 전문 영역, 즉 고유의 능력 범위 안에서 최선을 다하며 깊이를 더하는 것이다. 다른 길은 없다. 자신이 속한 영역에서 최고점에 오른 사람이야말로 대가의 경지에 도달했다 할 수 있다. 수백 가지 주제에 발을 걸치고 전념하며 모든 뉴스 부스러기들 앞에서 침을 흘리는 사람은, 레오나르도 다빈치가 아닌 이상 장인이 될 수 없다. 일생을 전공 바보(사실 이 표현은 찬사에 가깝다)로 머무는 것을 피하는 사람은 결국 한평생 지극히 평범한 바보로 남게 될 것이다.

테이크아웃

새로운 아이디어를 얻고 싶은가? 창의적인 생각을 떠올리고 싶은가? 음악, 영화, 관찰, 책, 장문의 기사 등은 우리의 사고를 풍부하게 해주는 원천이다. 다른 영역의 사람들과 나누는 대화와 논쟁, 그리고 혼자만의 사유는 당신의 세계를 무엇보다 풍요롭게 만들어줄 것이다.

뉴스의 99퍼센트는 당신의 영향력 밖이다

좋은 인생이란 무엇일까? 무엇이 좋은 삶을 결정하는 걸까? 다르게 질문하면, 나중에 되돌아보았을 때 스스로 '성공적'이고 '좋은' 인생이었다고 자평하려면 우리는 삶을 어떻게 꾸려야 할까? 이 같은 기본적인 질문에 제대로 답할 수 없는 한, 당신은 영원히 멈출 수 없는 '위기 극복 기계'로 머물 것이다. 다른 식으로 표현하자면, 명확한 인생철학이 없으면 당신은 인생의 상당 부분을 소모하며 보내게 된다.

당신이 어떤 인생철학을 마음에 새기기로 정했는지는 그렇게 중요하지 않다. 여기에서 정말 중요한 건, 당신이 스스로 진지하게 사고해 결정을 내렸다는 사실이다. 나에게도 나만의 인생철학이 있다. 어쩌면 당신은 나와 목표가 비슷할 수 있고, 또는 전혀 다를 수도 있다. 그건 그리 중요하지 않다. 내가 강조하고 싶은 것

은 인생철학이라 할 만한 무언가를 품고 이를 확실히 새기며 살아가는 삶이다.

2천 5백 년에 걸쳐 전개된 철학사를 들여다보면 철학자들 사이에 놀라운 공통점이 하나 발견된다. 즉 철학자들이 말하는 성공적인 인생에는 거의 항상 '내적 평온'이 포함된다. 예전에는 이보다 멋진 표현들이 있었다. 이를테면 '평정', '내면의 안정', '마음의 평화' 등이다. 이 마음의 평화는 무엇보다 유독한 감정이 부재한 상태에서 비로소 실현된다. 시기, 분노, 그리고 자기 연민 같은 독성의 감정들을 개인적 감정의 레퍼토리에서 몰아낼수록 빠르게 내적 안정에 도달할 수 있다.

그렇다면 뉴스는 우리의 마음에 어떤 영향을 줄까? 다들 예상하겠지만 뉴스는 마음의 안정을 방해한다. 계속해서 전달되는 뉴스는 우리를 부산스럽게 만들 뿐 아니라, 내면에 부정적인 감정이 지속적으로 끓어오르게끔 한다. 오늘날 두려움, 짜증, 시기, 분노, 그리고 자기 연민 등의 감정은 주로 뉴스 소비를 통해 촉발된다.

이뿐만이 아니다. 뉴스 기사에 달린 댓글에는 혐오의 파도가 넘실거린다. 하지만 우리가 접한 댓글은 그나마 필터링을 거친 것이다. 부정을 키워내는 뉴스 바이러스에 무기력하게 감염되지 않도록 스스로를 보호하자.

지혜로움이란 무엇일까? 당신이 생각하는 지혜로운 인간을 한 번 떠올려보자. 당신이 개인적으로 이상으로 삼는 인물 혹은 인류의 등대라 칭할 만한 사람들 말이다. 예컨대 소크라테스, 공자, 석가모니, 예수, 마르쿠스 아우렐리우스, 힐데가르트 폰 빙엔, 마틴 루서 킹 또는 간디와 같은 사람들 말이다. 이런 현명한 사람들이 현재 살아 있다고 가정해보자. 만약 이들이 오늘날 스마트폰으로 끊임없이 뉴스를 확인한다면, 당신의 이상은 완전히 무너질 것이다.

인간의 존재에 관한 질문처럼 깊고 중대한 물음에 대한 답을 뉴스에서는 찾을 수 없다. 보다 엄밀히 말하면, 뉴스는 이런 중대한 물음이 마치 세상에 없는 것 같은 착각을 불러일으킨다. 뉴스보다는 소설, 영화, 음악, 미술, 연구 자료 등이 인생의 지혜를 얻기에 더욱 적절하다.

세상에는 당신이 영향을 미칠 수 있는 것과 없는 것이 있다. 이는 모든 인생철학의 주춧돌이라 할 수 있다. 여기에 더해 당신이 영향을 끼칠 수 없는 것에 흥분하여 분노하는 것은 어리석은 짓이다. 고대 그리스와 로마에서 성행한 스토아주의자들은 이를 '궁수'의 모습으로 상징화했다. 즉 활을 쏘는 궁수는 여러 요소를 고려한다. 어떤 활을 고를지, 어떤 화살을 집을지, 활시위를 얼마나 강하게 당길지, 언제 활을 쏘아야 하는지를 결정한다. 그러나 화살이 활을 떠난 순간부터, 그 이후의 모든 일은 궁수의 영향권 밖에 있다. 돌풍이 불어 화살이 궤도를 이탈할 수도 있고, 공중에서 부러질 수도 있다.

뉴스의 99퍼센트가 당신의 영향권 밖에 있다. 어디에서 무슨 일이 어떻게 일어나든, 당신은 아무런 영향을 미칠 수 없다. 영향을 가할 수 없는 것들에 에너지를 소비하는 일은 무의미하다. 그러므로 당신이 영향을 줄 수 있는 것들에 힘과 능력을 기울이는 편이 훨씬 이성적이다. 전 지구를 상대하느니 당신의 영향력이 미치는 작은 세계에 힘쓰는 것이 여러모로 유익하다. 당신의 인생, 가족, 이웃, 도시, 그리고 일터에서 발생하는 모든 일들은 당신의 영향력 안에 있다. 이곳이 바로 당신만의 세계다. 이를 제외한 나머지 세계는 당신이 통제할 수 없다는 사실을 인정하고 받아들여야 한다.

철학자 에픽테토스가 2천여 년 전에 남긴 말은 뉴스를 끊으려는 우리에게 시사하는 바가 크다. 대표적인 스토아 철학자 중 하나인 에픽테토스는 이렇게 말했다. "너의 관심이 어디로 향하느냐에 따라 너 자신이 좌우된다. 어떤 생각과 표상으로 너의 머릿속을 채울지 스스로 정하지 않으면, 너를 대신해 다른 이들이 결정하게 된다." 뉴스를 소비하면 당신은 다른 인격을 지닌 다른 인물이 된다. 지혜로운 것들로 머릿속을 채울 때와는 달리, 남들이 채워 넣은 나쁜 내용물로 가득한 낯설고 이상한 인물이 되고 만다. 지혜로움에 도달하려면, 역시나 2천 년 전의 철학자인 세네카의 제안에 귀를 기울여보자. 그는 우리가 지혜로워지려면 "본받을 만한 위대한 사상가의 수를 정해놓고, 그들의 저서와 작품들을 완전히 흡수하기로 마음먹어야" 한다고 권했다. 뉴스 소비는 정신없이 이어지는 여행과 같다. "항상 여행 중인 사람은 지인은 많을지언정 진정한 친구는 하나도 없다." 세네카는 이런 말도 남겼다.

나의 삶과 직결되는 문제를 스스로 결정할 수 있는 자유는 좋은 생을 위한 토대다. 이는 의사 표현의 자유보다 더 앞에 있다. 모든 인간은, 새롭고 중요하다며 요란하게 손을 흔드는 것들 앞에서 정신을 팔지 않을 권리가 있다. 머릿속에 채워진 노폐물과 독성 물질, 그리고 쓰레기들을 비워내야 한다. 덧붙일 때보다 덜어낼 때 더 많은 것을 얻을 수 있다.

테이크아웃

인간의 존재에 관한 질문처럼 깊고 중대한 물음에 대한 답을 뉴스에서는 찾을 수 없다. 중대하기는커녕 조그마한 질문에도 뉴스는 답을 내놓지 못한다. 뉴스는 우리 내면의 균형을 무너뜨린다. 마음의 평화와 뉴스는 어울리지 않는다. 또한 삶의 지혜와 뉴스는 전혀 어울리지 않는다. 조금이라도 더 지혜로운 사람이 되고 싶다면 뉴스 대신 영화, 책, 예술에 시간을 쓰자.

4부

뉴스 중독자를 위한 최후의 반론

그럼에도
뉴스를 끊을 수 없는 이유

지금까지 나는 뉴스 소비에 반대하는 논거를 줄포탄처럼 열거했다. 여태껏 살펴보았듯이, 뉴스를 멀리하는 삶이 주는 이점은 셀 수 없이 많다. 부디 당신도 이제 뉴스와 거리를 두며, 보다 자유롭고 풍요롭게 살기로 마음먹었길 바란다. 그럼에도 아직 망설여진다면, 뉴스가 없는 일상에 대해 여전히 확신이 없다면, 이번 장을 읽어볼 필요가 있다. 나에게 당신을 설득할 기회를 한 번 더 주었으면 한다. 얼마 시간이 걸리지 않으니 크게 부담스럽지 않을 것이다. 앞으로 당신이 아끼게 될 어마어마한 시간에 비하면 20분은 찰나에 불과하다.

종이 한 장을 꺼내 가로로 탁자 위에 놓고, 세로줄을 그어 10개의 칸으로 나누어보자. 왼쪽에서부터 지난 10년을 2010, 2011, 2012로 시작하여 2019년까지 순차적으로 적어보자. 그다음 종이의 한가운데에 수평선 하나를 그리자. 그러면 10개의 칸은 각각 상단과 하단으로 나뉜다. 공간을 모두 나누면, 앞의 해당 연도에는 당신에게 의미 있고 중요했던 뉴스 보도를 기입해보자. 몰래 구글로 검색하는 등의 속임수는 쓰지 말자. 목적은 뉴스가 얼마나 덧없으며 쉽게 휘발되는지를 당신에게 보여주기 위해서니까. 어쩌면 여러분은 2016년 칸에 '트럼프의 미 대통령 당선'을 적고, 2012년 칸에는 '시리아의 내전 발발'을 써넣었을지도 모른다. 이런 식으로 몇몇 소식이 각각의 칸을 채울 것이다. 그러다 보면 한 가지가 분명해진다. 당신이 지난 10년 동안 머릿속에 구겨 넣은 20만(!) 개의 뉴스 보도 중에 몇 가지를 제외하고는 기억에 남을 만한 것이 거의 없다는 사실 말이다.

이제 하단으로 내려가보자. 아래 칸에는 당신의 인생에서 일어난 커다란 변화를 써보자. 당신은 결혼을 했을 수도 있고, 아이가 생겼을지도 모른다. 아니면 학업을 시작했거나 중단했을 수도 있다. 어쩌면 직장에서 해고를 당했을지도 모르겠다. 복권에 당첨되거나, 집을 사거나, 세계 여행을 하거나, 창업을 하는 등 당신이 경험한 중요한 일들을 기입하자.

다음 단계로 넘어가, 상단에 적은 뉴스 보도 가운데 하단에 적은 당신의 인생 변화에 직접적으로 영향을 미친 사건이나 사고가 있다면 꼽아보자. 어쩌면 당신은 2015년에 벌어진 유럽 난민 사태로 직장 생활을 1년간 접고, 난민 구호단체에서 인권 운동을 했을지도 모른다. 그런 경우 연필로 상단의 2015년 난민 위기와 하단의 2016년 구호 활동을 연결하면 된다. 이런 식으로 이어진 연결선이 몇 개나 되는가? 지난 10년 동안 당신의 삶에 영향을 준 뉴스는 과연 몇 개나 되는가?

혹시 선을 하나도 연결하지 못했는가? 당황할 필요는 없다. 사람들 대부분이 그렇다. '뉴스 세계'와 당신의 인생은 아무 상관이 없는 각기 다른 두 개의 우주와 같다. 다시 말하면 뉴스의 소란스러움을 태연히 무시해도 괜찮다는 뜻이다. 연결선이 하나 정도 그어졌더라도, 뉴스는 당신에게 그저 일종의 전달 기구에 불과할 것이다. 만약 2015년 저가항공사 저먼윙스 항공기의 추락으로 지인이 목숨을 잃었다 하더라도 추락 사고 보도와 당신의 연관성은 무관하다.

그럼에도 여전히 확신이 서지 않는가? 저런, 당신도 참 고집 한번 세다! 그렇다면 한 가지 방법을 더 제안해볼까 한다. 이번에는 시간이 조금 더 필요하다. 하루를 잡아 근처 시립 도서관에 들러보자. 그곳에서 온종일 머물며 10년 또는 20년이 지난 오래된 일간지를 찾아 실컷 읽어보자. 그러다 보면 당신은 중요한 주제를

다루는 거의 모든 신문 기사가 스치듯 금세 지나간다는 걸 깨닫게 된다. 언론은 시대의 추세를 제대로 파악하지 못할뿐더러 시류를 잘못 풀이하는 경향이 있다. 가령 2007년도에 발행된 신문 어디에도 금융 위기가 임박했음을 알리는 암시는 찾아볼 수 없다. 기껏해야 주식으로 고도의 성공을 이룬 사람들을 과찬하는 기사만 보일 뿐이다. 진부하고 저속한 이야기와 지금은 아무도 모르는 어느 배우의 스캔들 등에 둘러싸여 시대의 흐름이 보이지 않는 것이다. 당시의 뉴스를 읽으며 당신은 분명 어처구니가 없어 웃음을 지을 것이다. 오늘 당신이 소비한 뉴스 속보 또한 마찬가지다.

지금으로부터 25년 전인 1994년에 무슨 일이 벌어졌을까? 1994년 9월 3일에 독일에서 방송된 뉴스를 찾아보자. 뮌헨에서는 바이에른 기독교사회연합CSU의 전당대회가 열렸다. 건설 노동자들은 혹한기 지원금 제도의 폐지에 반발하며 항의했고, (공직에서 물러난) 미하일 고르바초프는 동독의 토지 개혁에 대해 언급했다. 마지막까지 독일에 주둔했던 러시아 군대가 모두 철수했고, 벨기에는 해방 50주년을 기념하며 축하했다. 헬무트 콜 당시 총리는 어느 박물관의 개관식에 참석했고, 중국과 러시아는 협력 관계를 강화하기로 했다. 폭스바겐은 인도 시장을 확장하겠다고

했고, 포츠담에서는 어린이 축제가 열렸다. 만약 이 뉴스들이 방송되지 않았다면 어땠을까? 우리에게 미치는 영향은 영에 가까웠을 것이다. 뉴스 산업은 사회의 맹장이다. 지속적으로 염증을 일으키지만 없어졌을 때 치명적인 영향을 미치지 않는다.

뉴스와 단절되면 민주주의는 파괴될까?

이 책이 뉴스를 향한 당신의 신념을 조금이라도 흔들었다면 내 의도는 충분히 성공했다. 나는 여러분이 뉴스로부터 자유로운 삶에 대해 생각해보고 시도해보기를 바란다. 하지만 현실은 쉽지 않다. 사람들 대다수는 매일같이 전 세계에서 벌어지는 일에 촉각을 곤두세우며 살고 그것이 교양 있는 삶이라고 믿는다. 뉴스와의 단절은 비도덕적인 태도로 여겨진다. 중세 시대에 일요 예배에 참석하지 않는 것과 비슷하다.

내가 자주 부딪히는 반론 중 하나는 바로 민주주의의 가치와 뉴스의 상관관계에 대한 것이다. 모두가 뉴스는 민주주의의 기본 토대 중 하나라고 생각한다. 그래서 뉴스를 끊으면 민주주의의 근간이 위협받는다고 경계한다. 그렇다면, 다음과 같은 상황을 가정해보자. 만약 모두가 뉴스를 끊는다면, 민주주의는 무너질까? 이는 다시 2가지 구체적인 질문으로 쪼갤 수 있다. (뉴스 없이) 시민들이 선거와 투표에서 올바른 선택을 할 수 있는가? (뉴스가 없으면) 누가 권력자들을 감시하는가?

먼저 첫 번째 질문을 보자. 뉴스와 단절되어도 합리적인 선거와 투표를 할 수 있을까? 뉴스 없이 어떻게 정치적 담론이 가능할까? 이 생각은 개인의 의견이 뉴스의 정보를 토대로 형성된다는 생각에 기반한다. 그러나 이는 틀린 말이다. 현대 민주주의의 정신적 아버지라 불리는 장 자크 루소, 데이비드 흄, 존 로크, 그리고 샤를 드 몽테스키외 같은 인물들은 뉴스의 홍수가 시작되기 전의 시대를 살았다. 당시에는 뉴스가 넘치지 않았음에도 내용이 깊고 풍부한 정치적 담론이 존재했다. 책, 평론, 토론회와 공개적인 집회 등을 통해 담론이 형성됐으며, 지역 전반에 자리한 살롱에서도 활발한 토론이 이루어졌다. 이들은 활발한 정치적 담론의 형성과 확장에 크게 기여했다. 지난 4백여 년 동안 벌어진 위대한 민주주의 혁명에는 〈타게스샤우〉가 필요하지 않았다. 미국독립혁명과 프랑스혁명, 그리고 1848년 혁명과 동독의 몰락은 모두 매체의 뉴스 보도 없이 이루어졌다. 이와 달리 뉴스로 촉발된 민주주의 운동은 좌절로 끝났다. 그 대표적인 예가 '아랍의 봄'이다.

시간을 조금 더 거슬러 올라가보자. 2천 5백 년 전 고대 그리스에서는 신문과 텔레비전, 그리고 인터넷 없이도 민주주의가 작동했다. (물론 당시의 민주주의는 여성과 노예, 그리고 30세 이하 남성이 제외된 민주주의였다.) 그 시대 사람들은 정보를 어떻게 얻었을까? 뉴스가 없던 시대에 사람들은 홀로 사색하고 타인과 토론하며 의견을 형성했다. 아테네를 위한 더 나은 결정을 내리기 위해, 하찮은 정보를 흩뿌리는 살수기에 의지하는 사람은 아무도 없었을 것이다.

다시 오늘날로 돌아와보자. 어떻게 뉴스 하나 없이 합리적으로 선거를 치를 수 있을까? 이런 의문을 던지는 사람들에게 나는 단호하게 대답할 수 있다. 뉴스가 없어도 얼마든지 옳은 결정을 내릴 수 있다. 나는 이런 방법을 추천하고 싶다. 선거에서 누군가를 제대로 뽑고 싶다면 제일 먼저 할 일은 후보자가 지금까지 성취한 것을 찾아보는 일이고, 그다음은 후보자의 공약을 들여다보는 것이다. 인터넷 속에서 길을 잃지만 않는다면 구글을 통해 필요한 정보를 얻는 일은 문제가 아니다. 당신의 의지가 아닌 매체나 기계에 휘둘려 길을 헤매지만 않으면 된다.

국민투표나 주민 투표의 경우 해결책이 훨씬 더 간단하다. 주요 정책이나 법을 개정하기 전에 찬반 여부를 묻는 투표의 경우 투표 전에 개정안 전문을 비롯해 주요 찬반 의견이 담긴 문서를 투표권자에게 우편으로 보내준다. 이 문서는 본인만의 의견을 갖추는 데 기초적인 토대가 된다. 개정안을 놓고 홀로 찬반 논쟁을 벌여보자. 이 과정을 통해 당신은 보다 훌륭한 민주주의자가 될 수 있다. 확고한 견해가 생기면 나는 두세 명의 친구와 토론을 벌이며 나와 상반된 입장의 논거를 파악하려 한다. 내 의견만큼이나 반대 입장을 확실히 이해하면, 해당 주제에 대해 찬반을 표할 자격이 충분히 주어졌다는 기분이 든다.

민주주의를 위해서는 뉴스가 그리 중요하지 않다. 중요하지 않을뿐더러 이따금 해롭기도 하다. 지난 30년 동안 우리 사회의 정치적 담론의 질은 현저히 떨어졌다. 하지만 그 누구도 이를 문제시하지 않는다. 바로 이 시기 동안 뉴스의 물결이 넘치도록 불어나 우리 사회를 뒤덮었다. 그리고 수없이 많은 사설 텔레비전 및 라디오 방송국이 수면 위로 떠올랐다. 시장에는 무료 신문들이 범람하고, 뉴스가 흐르는 수로는 모두 인터넷으로 몰려들었다. 인터넷은 우리의 삶과 무관한 소식들이 무료로 확산되도록 만들었다. 스마트폰이 보급되자 뉴스는 우리의 가장 사적인 영역으로 파고들었다. 이후 뉴스는 호주머니 안에 꽂혀서 언제 어디서나 끊임없이 우리와 함께한다.

불어난 뉴스의 물결과 정치 담론의 질적 저하의 상관관계는 어쩌면 우연일 뿐일지도 모른다. 하지만 나는 그렇게 보지 않는다.

뉴스의 범람은 '군비 경쟁'의 메커니즘을 떠올리게 한다. 쉽게 말하면 이런 것이다. 당신은 축구를 보러 경기장에 와 있다. 당신 앞에 있는 몇몇 관중이 경기장을 더 잘 보려고 발끝을 세우기 시작했다. 그러자 다른 모든 사람들도 발끝으로 서야만 하는 상황이 됐다. 이렇게 해서 얻게 되는 전체 순이익은 영이다. 모두의 장딴지에 근육 경련만 남을 뿐이다.

뉴스 생산과 뉴스 소비 또한 이와 다르지 않다. 누구 하나의 목소리가 커질수록 다른 이들도 큰 소리를 질러야 하고, 한쪽에서 터무니없는 이야기로 논쟁을 펼칠수록 다른 쪽도 보다 엉망진창으로 달려들어야 한다. 그 결과는 빤하다. 결국 우리는 소란과 백색소음, 그리고 양극화된 사회 속에서 살게 될 것이다. 뉴스는 바닥으로의 경쟁을 초래한다. 이 경쟁의 최소 공통분모는 선정적인 '초단신'이다. 이처럼 밑바닥까지 치닫는 경쟁은 도중에 그만둘 수도 되돌아갈 수도 없다. 그러나 동참하지 않을 수는 있다.

제2의 워터게이트 특종을 위해

지난 장에서는 뉴스의 회오리바람 속에서 휘둘릴 때보다 뉴스를 끊을 때 더 나은 민주 사회를 만들 수 있다는 사실을 확인했다. 그럼 이제 두 번째 질문으로 넘어가자. 모두가 뉴스를 끊어버리면, 즉 뉴스가 없으면 누가 권력자들을 감시하는가?

민주주의는 진실을 밝히고 사건의 복잡성을 설명하는 '보도'가 동반될 때 정상적으로 기능한다. 이는 단순히 '보고'하는 뉴스 리포팅보다 훨씬 더 어렵다. 우리에게는 2가지 종류의 저널리즘이 필요하다. 사실과 폐해를 낱낱이 보도하는 '탐사 저널리즘'과 큰 그림을 그리며 배경과 내막을 설명하고 분석하는 '해석 저널리즘'이다. 하지만 이 두 저널리즘은 오늘날의 뉴스 체제 안에서 제대로 작동하지 않는다. 이 둘은 복잡하고 어려우며, 실현하는 데 많은 비용이 든다. 게다가 생산자에게는 고도의 전문성이, 소비자에게는 고도의 집중력이 필요하다.

역사적으로 가장 유명한 탐사 보도 사례로 '워터게이트 사건'을 꼽을 수 있다. 워터게이트 사건은 미 대통령 닉슨을 자리에서 물러나게 한 직권남용 스캔들이다. 이 사건만큼 집요한 추적과 탐사가 이루어진 사례도 드물며, 이만큼 권력의 꼭대기 층까지 접근한 탐사 보도 또한 거의 없다. 탐사 보도에서 성역은 없다. 그리고 없어야 한다. 사회에는 성역 없는 탐사 보도, 즉 권력자를 손바닥 들여다보듯 감시하는 사람들이 필요하다. 지역과 국가를 막론하고 권력을 감시하는 보도는 반드시 필요하지만 안타깝게도 이를 실현하는 기자는 소수에 불과하다. 일반적인 뉴스 기자와 달리 탐사 전문 기자는 하나의 사건을 기사로 작성하기까지 몇 주 혹은 몇 달이 소요되는 엄청난 시간을 들여야 한다. 이는 오늘날에 팽배한 복사하여 붙여 넣는 작업에서 끝나는 '뉴스 저널리즘'과는 차원이 다르다.

탐사 보도 기자들은 일반 뉴스 기자들과 달리 편안한 자리를 박차고 나와 거칠고 험난한 세상에 발을 내딛으며 온갖 위험과 희생을 감수해야 한다. 이들은 단편적으로 보도되는 뉴스에 만족하지 못한다. 기꺼이 손을 더럽히며 깊이 파고들어 뿌리를 캐낸다. 그렇게 원인을 규명하며 재검에 재검을 거듭한다.

파편적인 뉴스 조각을 보도하는 형식으로, 세상이 놀랄 만한 진실 규명이 가능할까? 조각처럼 얄팍한 뉴스는 그 무엇도 제대로 밝히지 못하며, 그저 그날그날 벌어진 잡다한 사건을 단편적으로 비출 뿐이다. 이는 우리의 삶과 사회에 어떤 도움도 되지 않는다. 깊고 철저히 조사하여 믿을 수 있는 공정한 보도가 필요하다.

워터게이트 사건은 〈워싱턴 포스트〉를 통해 발표됐다. 해당 기사는 1만 6천 자에 달하는 장문이었다. 일간지의 한 면을 사진 없이 글로만 가득 채울 정도의 분량이다. 간식처럼 작은 조각으로 제공되는 단신 기사와는 현저히 다르다. 워터게이트 특종은 일간지가 아닌 다른 매체를 통해서도 보도될 수 있었을 것이다. 내가 말하려는 핵심은, 뉴스를 끊는다고 '제4 권력'인 언론의 기능이 방해 받지는 않는다는 것이다. 오히려 그 반대다. 단신 중심의 뉴스 저널리즘을 멀리하며 깊이와 분석을 겸비한 탐사 저널리즘에 관심을 가지면 제4의 권력은 제 기능을 제대로 해낼 것이다.

우리에게 필요한 두 번째 저널리즘은 '해석 저널리즘'이다. 여기서 중요한 사안은 사건의 배경과 내막, 사건 전개에 영향을 미친 요인과 사건을 촉발한 계기 사이의 연관 관계를 샅샅이 조명하는 일이다. 이를 통해 문제 해결의 실마리를 밝히는 것이다. 분석 보도 중심의 해설 저널리즘에 적합한 형식은 신문과 잡지의 특집 기사, 다큐멘터리 프로그램, 팟캐스트, 그리고 서적 등이다.

이 책은 지적이고 똑똑한 다수의 기자들이 작금의 뉴스 저널리즘과 작별을 고하고, 탐사 보도 기자나 분석 전문 기자가 되기를 바라는 나의 소망과 맞닿아 있다. 여기에 더해 재능이 부족한 기자들은 부디 다른 직업을 찾았으면 한다. 이는 우리 사회뿐 아니라 기자 본인에게도 득이 된다. (나쁜 저널리즘에 풍족한 보수가 주어지는 일은 없어야 한다.) 다시 말해 기자, 즉 저널리스트라는 위치를 견지하려는 사람은 반드시 자신만의 능력 범위를 확고히 구축해야 한다. 특정 분야의 전문가가 되어 그 역량을 계속해서 키워야 한다. 이외에도 탁월한 의사소통 능력을 지녀야 한다. 2가지 모두를 아우르는 기자는 그리 많지 않다.

특정 분야의 전문 지식과 의사소통 능력까지 겸비한 소수의 기자들에게는 그에 알맞은 보수가 주어져야 한다. 그렇다면 그 비용은 누가 내야 하는 걸까? 실제로 몇몇 전문지를 제외하고, 분석 및 탐사 저널리즘을 바탕으로 안정적인 경영을 유지하는 언론사는 극소수에 불과하다. 하지만 보다 많은 사람이 단편적인 뉴스 소비를 지양하며 언론의 질에 관심을 가지면 참된 저널리즘이 그에 걸맞은 대가를 받는 날이 머지않아 다가올 것이다. 제대로 된 저널리즘이 성공적인 비즈니스 모델이 되는 사회적 '격변'은 소비자의 힘으로 이끌어야 한다. 음식이 달라지면 몸이 달라지듯이, 소비자가 달라지면 시장도 변화한다. 소비자가 몸을 틀면 시장은 금세 방향을 선회할 것이다.

뉴스의 미래

앞으로의 세상은 어떻게 돌아갈까? 뉴스의 미래는 어떻게 될까? 나는 4가지 경향으로 흐를 거라 예상한다.

첫 번째로, 앞으로도 뉴스는 기하급수적으로 불어날 것이다. 지구상에 사는 사람들이 늘어날수록 더 많은 일이 벌어질 것이다. 신기록, 발명, 잔혹한 일, 놀라운 일, 그리고 상상도 할 수 없는 일들이 끊임없이 생겨날 것이다. 사람의 수가 많아질수록 사람들 사이에서 일어나는 사건과 협업의 수도 많아지는데, 이는 사람의 수와 비례해 일률적으로 증가하지 않는다. 즉 정비례 그래프가 아니라 과도한 급경사를 그리게 된다. 그런 이유로 뉴스는 기하급수적으로 불어날 것이다. 하지만 뉴스로 인한 백색소음이 폭발적으로 늘어나더라도, 뉴스와 각 개인의 삶 사이의 연관성은 여전히 영에 가까울 것이다.

두 번째로, 뉴스는 언제 어디에서나 우리 곁에 있을 것이다. 예전에 우리는 정해진 시간과 장소에서만 주변 소식을 보고 듣고 읽었다. 과거에는 뉴스가 있는 시간대와 뉴스로부터 자유로운 시간대가 따로 있었고, 뉴스가 있는 장소와 없는 장소가 있었다. 하지만 오늘날 뉴스는 시간과 장소를 불문하고 우리의 삶 속에 끼어든다. 공적 · 사적 공간을 막론하고, 매 시각 모든 영역에 침투해 들어온다. 이러한 현상은 앞으로 더욱 심화될 것이다.

이제 기차역마다 대형 전광판에 뉴스가 뜨고, 버스 안이나 주유소에도 뉴스 화면이 설치돼 있다. 뉴스는 휴대전화를 통해 화장실과 침실까지 따라 들어온다. 요즘에는 아침에 일어나 양치질을 하는 동안 욕실 거울에 뉴스가 뜨는 집도 있다. 또한 택시를 타면 그 안에서 흘러나오는 뉴스를 견뎌야 한다. 기차역과 버스, 그리고 주유소에서 뉴스를 볼 필요가 있을까? 그 수많은 화면이 우리에게 정말 필요할까? 여기에 대한 답은 뉴스와 광고 사이에 맺어진 동맹 관계를 들여다봐야 나온다. 즉 뉴스가 우리의 일상에 필수적인 양 몰아가는 분위기는 뉴스를 통해 이득을 취하려는 생산자의 손에서 비롯됐다. 다시 말해 뉴스 생산자의 관심사와 소비자의 관심사는 동일하지 않다. 어쩌면 머지않아 스크린이 아니라 맞춤형 선글라스가 나올지도 모르겠다. 할인 광고와 뉴스가 뒤섞여 틈틈이 우리의 눈앞에 뜰 것이다. 뉴스는 도처에 편재한다. 앞으로는 더할 것이다. 이제 뉴스에서 벗어나고 싶으면 극단적인 조치를 취해야 한다. 그렇지 않으면 빠져나올 수가 없다.

세 번째로, 알고리즘은 우리를 점점 더 면밀히 파악하게 될 것이다. 당신이 구글, 페이스북, 아마존, 애플, 인터넷 공급 업체와 뉴스 사이트 등 어디에 데이터를 남기든, 알고리즘은 그곳에 남은 흔적과 프로그램 작업을 통해 당신을 파악한다. 흔적을 많이 남길수록 이들이 그려내는 형상은 당신을 그대로 투영할 정도로 또렷해진다. 어쩌면 이미 여러 곳에, 당신보다 당신을 더 잘 아는 알고리즘이 존재할 것이다. 당신의 관심사, 정치적 신념, 소비 행태, 경력, 취미활동, 인간관계 유형, 하루 일과, 소망, 걱정, 그리고 경제적 어려움까지 꿰뚫고 있을 것이다.

이 알고리즘은 당신의 마음을 사로잡는 법을 알고 있다. 아마 이들은 당신이 어떤 지점에서 민감하게 반응하는지를 당신의 애인이나 배우자보다 더욱 잘 알 것이다. 다시 말해 이 프로그램은 당신이 가장 예민하게 반응할 만한 뉴스와 사진, 그리고 동영상으로 당신을 유혹할 수 있다. 당신을 누구보다 잘 아는 이들은 누군가의 사심에 의해 작동한다. 무수한 계산을 마친 컴퓨터 뒤에는 목적이 분명한 회사 소유주라는 이해 당사자가 있다. 컴퓨터 뒤에 선 사람들은 당신의 돈을 원하고 당신에게 항상 무언가를 팔려고 한다. 광고, 상품, 정치적 견해, 세계관 등을 말이다.

과거 종이 신문 시절에도 기업들은 신문 독자에게 무언가를 팔려고 시도했다. 종이 신문 또한 광고를 통해 재정을 충당했으며, 광고 효과를 위해 뉴스를 미끼로 사용하기도 했다. 하지만 종이 신문은 당신에 대해 전혀 몰랐기 때문에 광고의 효과는 그리 크지 않았다. 그러나 오늘날 알고리즘을 바탕으로 한 클릭 미끼는 목표를 정확히 조준하는 데다 끝없이 생성된다. 그 결과 뉴스의 물결에서 발을 떼는 일은 점점 더 어려워지고 있다. 담배나 술이 무료일 뿐 아니라 보이지 않는 손에 의해 하루 종일 어디에서든 제공된다고 상상해보자. 그러면 분명 많은 사람이 중독에 빠질 것이다. 이와 똑같은 상황이 지금 우리 앞에 펼쳐져 있다. 담배나 술 대신 뉴스만 대입하면 바로 우리의 현실이다. 우리 사회의 뉴스 중독 방지 턱은 낮은 정도가 아니라 제로를 넘어 마이너스 수준이다. 뉴스를 소비하지 않기 위해서는 개인의 자제력 외에 필요한 조치가 너무도 많다.

네 번째로, 앞으로 뉴스는 진실과 더 멀어질 것이다. 알고리즘은 당신의 가장 깊은 곳까지 파악할 뿐 아니라 계속해서 창의적으로 발전할 것이다. 이미 몇몇 프로그램은 인공지능을 토대로 글이나 사진, 동영상 등을 인간의 도움 없이 만들어낼 수 있다. 머지않아 몇 년 내로 우리는 인공지능이 생산한 기사와 '진짜' 기사를 구별하지 못하게 될 것이다. 이러한 가짜 뉴스는 제대로 된 뉴스보다 더욱 매력적으로 만들어질 것이다. 대중의 관심을 빼앗을 만큼 탁월하고 매끄러울 것이다. 어쩌면 당신은 이렇게 반문할지도 모른다. 누가 가짜 뉴스를 필요로 하겠어? 가짜 뉴스를 뿌리는 일에 대체 누가 관심이 있겠어? 라고 말이다. 이건 세상을 너무 모르는 소리다.

세상에는 당신을 광고로 끌어들이고 당신의 데이터를 수집하기 위해 가능한 한 오랫동안 당신의 관심을 인질처럼 붙잡아두려는 조직이나 기관들이 많다. 이들 외에도 당신의 견해와 정치적 신념을 원하는 방향으로 조작하려는 조직들이 절묘하게 만들어진 가짜 뉴스를 원한다. 가짜 뉴스는 예전에도 있었다. 전쟁이 일어나면 해당 국가들은 가짜 뉴스를 담은 선전용 전단을 대량으로 살포했다. 차이가 있다면, 과거 거짓 선전 뒤에는 사람이 서 있었으며 그는 도덕적 양심과 싸워야 했지만 미래에는 오직 컴퓨터 프로그램이 거짓을 생산해낼 것이라는 점이다. 이제 거짓의 뒷면에는 더 이상 인간이 없을 것이다. 컴퓨터에는 양심이 없다.

앞으로 뉴스가 우리의 사고를 완전히 엉망으로 만들 위험은 더욱 높아질 것이다. 뉴스의 홍수는 갈수록 더 새롭고 거대한 물결을 이루어 우리를 향해 돌진할 것이다. 그러므로 아직 통제할 힘이 남아 있을 때 얼른 발을 빼야 한다. 시간이 없다.

뉴스 종말의 시대가 다가온다

1649년 1월 26일 잉글랜드와 스코틀랜드, 그리고 아일랜드의 왕이었던 찰스 1세는 사형 선고를 받았다. 그는 의회 없이 나라를 통치하려 했으며 그 결과 내전이 일어났다. 찰스 1세는 이 전쟁에서 패했다. 당시의 모든 왕들처럼 그는 자신이 신의 은총으로 임명된, 절대 권력을 지닌 왕이라 믿었고, 국민들도 그렇게 받아들였다. 유럽 역사에서 국왕을 사형에 처한 사례는 찰스 1세가 처음이었다. 나라 전체에 두려움을 동반한 불확실성이 감돌았다. 국민이 왕을 정말 처형해도 되는 건지, 혹시라도 그 이후에 신이 노하여 온 세상이 혼돈에 빠지는 건 아닌지, 의구심과 불안감이 가득했다.

1649년 1월 30일 14시 정각. 수천 명의 구경꾼이 보는 앞에서 단두대로 올라간 국왕은 틀 위에 목을 올려놓았다. 짧은 기도를 마친 그는 죽을 준비가 됐다는 신호를 사형 집행인에게 보냈다. 그의 머리는 단칼에 잘려나갔고, 군중들 사이에선 신음 소리가 흘렀다. 몇몇 사람들은 홍건히 흘러나온 피를 본인의 손수건에 적셨다.

다음 날인 1월 31일, 사람들의 삶은 계속됐다. 마치 아무 일도 없던 것처럼 템스 강가에선 새들이 지저귀었고, 태양은 예정된 시간에 떠올랐으며, 젖소는 우유를 생산했고, 빵집 주인은 빵을 구웠다. 아이들이 태어났고, 생일을 축하했고, 세상은 멈추지 않고 계속 돌아갔다. 왕이 없어도, 아무렇지 않게.

나는 오늘날 우리가 뉴스를 대하는 태도에서 이와 유사한 경외심을 느낀다. 즉 과거에 왕을 대하던 대로 뉴스를 다루고 있다는 생각이 든다. 내가 뉴스를 끊었다는 말을 듣고 사람들이 보이는 첫 번째 반응은 매번 동일하다. 그래도 되나? 그저 신문을 더 이상 읽지 않을 뿐인데, 마치 삶의 의미가 사라지고 조만간 사회가 무너질 것처럼 받아들이는 것이다. 과장된 표현으로 들리겠지만, 실제로 적지 않은 사람들이 뉴스 없는 삶을 상상하지 못한다. 왕 없는 삶은 상상조차 할 수 없었던 350년 전처럼 말이다.

당연히 언론 매체는 모든 수단과 방법을 동원해 스스로의 영향력을 강화하려 애쓴다. 사고로 두 동강 난 비행기, 로켓 발사, 각국의 정상이 등장하는 장면을 강렬한 예고편으로 내보내며 세상이 바쁘게 돌아가고 있음을 끊임없이 우리에게 각인시킨다. 그러면서 이 모든 걸 알아야 한다고, 이를 전하는 언론의 역할은 매우 중요하다고 강조한다. 하지만 이 모두는 과장된 소리에 지나지 않는다. 매체는 연신 시끄러운 소리를 쏟아내며 여기에 '세상의 모든 것'이 담겨 있다고 말한다. 그러나 매체가 전하는 '모든 것'은 사실 아무것도 아니다.

수백 년 전 왕은 아무 의심 없이 왕좌에 앉아 있었다. 그러다 왕이 참수를 당하자 모두 깨닫게 되었다. 왕이 없어도 세상은 잘 돌아간다고. 뉴스도 마찬가지다. 뉴스를 끊으면 한동안은 자신이 뭔가 극단적이고, 부도덕하고, 이기적으로까지 느껴질 것이다. 그렇지만 훗날 사람들은 오늘날의 뉴스 중독자를 떠올릴 때 그저 고개를 가로저을 것이다.

뉴스와 담을 쌓으면 초반에는 뭔가 부적절한 행위를 저지르는 듯한 이상한 감정이 동반될 것이다. 나도 처음에는 그랬다. 바람직한 시민의 마땅한 의무를 저버린 상스러운 행위처럼 느껴졌다. 맨 처음 뉴스를 끊었을 때는 무엇 하나 확실하지 않았다. 이것이 기한이 정해진 자가 실험인지, 무모한 객기인지, 금세 포기할 정신 나간 아이디어인지 알 수 없었다. 게다가 당시에는 뉴스를 끊어야 하는 이유에 관해 지금처럼 확신이 없었다. 그래서 나는 이 실험을 아무에게도 말하지 않았다. 당시의 가장 뜨거운 쟁점이 화제가 되면, 나는 뉴스를 다 읽은 사람처럼 이야기하되 그 일에 크게 상관하지 않는 듯한 태도를 취했다. 다른 이들이 뉴스에서 본 사건을 말하며 웃으면 나도 같이 웃었다. 다른 사람들이 지구 반대편에서 벌어진 자연재해를 전할 땐 심각한 표정을 지으며 걱정하는 척했다. 내가 그 재앙에 관심이 없다는 걸 스스로 알고 있었지만, 겉으로는 결코 드러내지 않았다. 당시 나는 잘 모르는 사람들과의 만남을 망설였다. 서먹한 사이에선 날씨 이야기 다음으로 그날 일어난 사건과 사고에 대한 이야기가 빠지지 않는다. 나는 내가 진행 중인 실험에 대해 말할 수 없었으므로 연극을 하며 견뎌야 했다.

하지만 시간이 흐르면서 내가 가는 길이 옳다는 확신이 생겼다. 나의 논거는 보다 날카로워졌고 삶의 태도는 보다 명확해졌다. 더 많은 시간이 생겼고, 유연해진 사고로 더 나은 결정을 내리게 됐으며, 내면의 고요함을 얻었다. 이 모든 일을 여러분들 또한 경험하게 될 것이다. 뉴스 소비에 대항할 근거는 충분하다. 이제 모든 것은 당신 손에 달려 있다. 당신만 달라지면 된다.

그럼에도 여전히 두려운가? 뉴스와 단절됨으로써, 사람들 틈에서 세상 물정 모르는 인간으로 남겨질까 겁이 나는가? 걱정할 필요 없다. 뉴스를 보지 않으니 어쩌면 당신은 간밤에 어느 대통령이 날린 자극적인 트윗에 관해 모를 수 있다. 하지만 모른다고 문제 될 건 없다. 오히려 당신은 친구들과 대화를 나누며, 그들의 의견과 성향이 더해진 메타 정보를 통해 세상을 한층 더 깊고 넓게 이해하게 될 것이다. 또한 당신이 뉴스를 끊었다는 사실을 숨기지 말자. 망설임 없이 털어놓으면, 사람들은 흥미진진한 눈빛으로 당신의 이야기에 귀 기울일 것이다. 문득 대화가 중단되었을 때, '이번 주에 가장 중요한 머리기사는 뭐였지?'라는 말처럼 훌륭한 촉매제도 없다. 이 질문을 던지면 사람들은 당신에게 정보와 지식을 제공하기 위해 눈을 반짝일 것이다. 그러면 당신에게도 기회가 주어진다. 너무나도 사소하고 하나도 중요하지 않은 뉴스 지식으로부터 그들이 벗어날 수 있는 계기를 마련하기 위해 당신 또한 눈을 반짝일 것이다. 마지막에 뿌듯하게 미소 짓는 사람은 누구일까. 바로 당신이다.

5부

뉴스 없이 풍요로운 일상을 만드는 법

뉴스를 끊는 구체적인 방법

당신이 지금 당장 해야 하는 일은 딱 하나다. 삶에서 뉴스를 몰아내는 것이다. 뉴스로부터 떨어져 나와 완전히 해방되어야 한다. 극단적으로 손을 떼야 한다. 가능하면 뉴스가 쏟아지는 모든 출구를 차단하고, 매일같이 날아오는 뉴스레터도 구독을 중단해야 한다. 스마트폰과 아이패드에 깔린 뉴스 앱도 지금 즉시 지우기를 바란다. 집 안에 놓인 텔레비전도 팔아버리자. 컴퓨터 브라우저에 즐겨찾기로 저장해놓은 모든 뉴스 사이트와 관심 있는 칼럼 목록도 지우자. 브라우저의 시작 화면을 뉴스 포털로 설정했다면 다른 사이트로 바꾸자. 매번 같은 페이지가 뜨는, 별다른 변화 없는 사이트보다는 늘 내용이 달라지되 너무 역동적이지 않은 사이트가 좋다. 나 같은 경우에는 인터넷 백과사전, 위키피디아를 시작 화면으로 설정해놓았다.

여행을 떠난다면 좋은 책들을 언제나 넉넉하게 지니고 다니길 권한다. 기차역이나 공항에 앉아 있을 때 신문이 보이더라도 그냥 제자리에 두자. 그걸 집어다가 이리저리 넘긴다고 해서 당신에게 돌아오는 것은 하나도 없다. 아마도 당신은 머리기사라도 읽고 싶어 무의식적으로 목을 길게 뺄지 모른다. 신문 속에 뭔가 생산적인 것들이 가득하리라는 생각에서 벗어나기란 쉽지 않다. 그럼에도 의식적으로 고개를 돌려 머리기사에 눈길조차 주지 말자. 당신에게 강렬한 매혹의 눈빛을 보내는 그 모습 그대로 놓아두자. 절대로 넘어가지 말고.

사람들이 출입국을 하는 공항 터미널에는 수많은 무료 잡지가 꽂힌 거대한 선반이 있는 경우가 많다. 그곳을 지나가더라도 걸음을 멈추지 말고 그냥 스쳐가기를 바란다. 대부분의 잡지들은 아무런 내용도 없는, 광고를 위한 미끼인 경우가 많다. 게이트 근처에서 비행기를 기다린다면 모니터 화면과 멀리 떨어져 앉도록 하자. 이 모니터에선 하루 종일 쉼 없이 뉴스가 쏟아지는데, 보통은 〈CNN〉, 〈CNBC〉, 〈폭스FOX〉 또는 〈블룸버그Bloomberg〉 등의 '토킹 헤즈Talking Heads'로 꾸려진다. 정장을 차려 입은 사회자가 진지한 표정으로 카메라를 보며 기사를 읽으면서, 뭔가 중요해 보이는 최신 소식을 전달하는 것이다. 말하자면 뇌가 절실히 원하는 무언가가 계속해서 공항 내 화면 위에 뜬다고 보면 된다. 이때 최선은 책을 묵묵히 읽거나 다른 일에 집중하는 것이다. 아니면 고요하고 차분하게 공항이 돌아가는 모습을 바라보는 것도 좋다. 그러면서 머릿속의 생각이 뉴스에서 벗어나, 자유롭게 이리저리 배회하도록 놓아두자.

많은 항공사가 신문과 잡지를 아이패드에 내려받을 수 있는 서비스를 무료로 제공한다. (그런데 왜 책이나 오디오북은 이런 무료 서비스를 제공하지 않는지 모르겠다.) 그러나 무료라고 쉽게 넘어가서는 안 된다. 경계를 늦추지 말고 뉴스로부터 스스로를 보호해야 한다. 기내에서 승무원들이 신문 더미를 들고 지나갈 때에도 당연히 이를 거부해야 한다. 매체의 가치는 독자 수가 많을수록 높아진다. 독자 수가 많아지면 광고 자리를 비싸게 팔 수 있다.

비행을 마치고 호텔 객실에 들어서면, 대형 텔레비전 화면이 당신을 맞이할 것이다. 그럴 땐 채널을 이리저리 돌리다가 유혹에 빠지기 전에 얼른 전원을 꺼야 한다. 제일 좋은 방법은 곧바로 플러그를 뽑는 것이다. 그러면 확실히 고요해진다. 아마도 당신은 호텔 탁자 위에 노트북을 펴고 조용히 일을 하고 싶었을 것이다. 하지만 보통 호텔방에 놓인 탁자는 한가득 쌓인 잡지 더미로 여유 공간이 부족하기 일쑤다. 그 잡지들 또한 그저 광고 뭉치에 불과하다. 될 수 있으면 그 잡지들을 모두 옷장 안에 밀어 넣자. 번거롭겠지만 이 과정은 매일 반복해야 한다. 정해진 규칙에 따라 철두철미하게 객실을 정리하는 청소 담당자가 날마다 옷장에서 잡지를 꺼내 다시금 그 좁은 탁자 위를 뒤덮을 테니 말이다. 당연한 이야기지만, 이른 아침 객실 문 앞에 일간지를 놓아달라는 주문은 할 필요가 없다. 여행에 도움이 될 만한 정보지 정도는 허용할 수 있다.

그럼에도 '세상에서 벌어지는 뭔가 중요한 일들을 놓치고 싶지 않다'면, 그래야 마음이 놓인다는 일종의 '환상'에 사로잡힌 독자들에게는 매주 〈이코노미스트〉에서 발행하는 2쪽짜리 요약본인 '이 주의 세계 소식'을 추천한다. 그러면 한 주의 소식을 접하는 데 정확히 5분이 소요된다. 나도 그렇게 5분 정도만 할애한다. 이따금은 이것조차 마다하기도 한다.

다른 건 몰라도 특정 전문지나 서적들은 꼭 읽을 필요가 있다. 이를테면 출처가 분명한 자료를 바탕으로 복잡한 세계를 체계적으로 소개하고 분석하되, 자극적인 문체나 구성으로 독자를 경악하게 만들지 않는 양질의 글을 읽는 게 좋다. 내 경우에는 〈더 뉴요커〉, 〈MIT 테크놀로지 리뷰〉, 〈포린 어페어스〉, 그리고 〈이코노미스트〉의 과학 부록을 챙겨 읽는다. 신문과 잡지에서도 전문가들의 기고문 및 칼럼을 한데 모은, 이른바 오피니언 부분은 읽을 가치가 충분하다. 최근에는 기존의 뉴스 매체와 다른 새로운 형식을 갖춘 온라인 전문 매체들이 다수 생겨났다. 예컨대 독일의 〈크라우트리포터〉를 비롯하여 스위스의 〈디 리퍼블릭〉, 네덜란드와 미국의 〈드 코레스폰덴트〉, 그리고 미국의 〈시빌〉 등 다양한 매체가 기존의 형식을 깨고 참신한 방식으로 독자들과 소통하고 있으니 이들에게 관심을 가져보는 것도 좋겠다.

오늘날 우리가 사는 세계는 너무도 복잡하다. 그러니 일주일에 한 권의 책을 골라 단 몇 쪽이라도 넘겨보기를 바란다. 20쪽 정도 읽고 난 뒤에도 세계관이 조금이라도 확장되거나 세상을 바라보는 눈이 달라지는 경험이 없다면 그 책은 옆으로 제쳐두자. 이와 달리 페이지를 넘길 때마다 매번 새로운 깨달음을 주는 책을 만났다면 끝까지 읽어보자. 끝까지 읽으면 곧바로 또 한 번 읽어보자. 그 사이에 다른 책을 새로 읽지 말고 같은 책을 연달아 두 번 읽는 것이다. 두 번째로 읽을 때는 처음 읽었을 때보다 훨씬 더 높은 효력을 느끼게 된다. 내 경험에 비춰보면 두 번째로 읽었다고 2배의 효과를 누리는 게 아니라, 첫 독서의 거의 10배에 가까운 효력을 얻게 된다. 따라서 나는 좋은 글은 반드시 잇달아 두 번씩 읽으라고 추천한다. 책뿐 아니라 장문의 기사도 마찬가지다.

때때로 교과서를 읽는 것도 권할 만하다. 흔히 교과서라고 하면 학교에서 수업하는 데 쓰는 교재로 생각하지만, 사실 교과서처럼 우리의 마음과 정신에 유익한 영양분도 없다. 한 권의 교과서는 흡사 대학의 학사 과정처럼 심도 있고 밀도가 높으며 영양이 풍부하다. 세상을 제대로 이해하려면 기초가 필요하다. 교과서는 기초를 탄탄히 다지는 데 아주 적합하다. 교과서를 읽는다고 하면 왠지 '근사하지 않게' 들릴 수 있다. 하지만 교과서를 통해 우리는 근사함 이상의 것을 얻을 수 있다. 우리가 이미 파악한 세상을, 기초부터 차근차근 새롭게 바라보고 이해할 수 있는 기회가 생기기 때문이다.

다행히 구글링은 허용된다! 인터넷은 매우 훌륭한 지식의 원천이다. 구글을 통해 이런저런 정보를 검색하다 보면 이따금 불가피하게 뉴스 사이트에 접속하게 된다. 그렇다고 절망할 필요는 없다. 어쩌다 뉴스 사이트에 들어가더라도, 범람하는 뉴스의 소용돌이 속에서 정신을 차리고 집중력을 잃지 않기 위해 애쓴다면 크게 문제 될 일은 없다. 원래 검색하려 했던 것, 오직 가려고 했던 길에만 집중하면 된다. 당신이 갈 길은 당신이 정해야 한다. 무엇으로도 휘둘리지 말고, 당신의 주의력이 뉴스에 지배당하지 않도록 매 순간 조심해야 한다.

10년 전부터 나는 뉴스 끊기를 철저하게 고수하고 있다. 그로 인해 삶의 질은 높아졌고, 내가 내리는 결정은 언제나 후회 없이 탁월했다. 그러니 여러분도 꼭 시도해보기를 바란다. 뉴스를 끊어도 잃을 것은 없다.

한 달간 뉴스 끊기

뉴스를 끊으면 처음 한 주 동안은 최악의 시간을 보내게 될 것이다. 뉴스를 절대로 찾아보면 안 된다는 엄격한 규칙을 지키느라 꽤나 고통스러울지도 모른다. 처음에는 온 세상에서 매 순간 뭔가 좋지 않은 일들이 시끌벅적하게 쏟아질 거라는 불안한 예감에 사로잡히게 된다. 그러면서 조만간 닥칠 재앙에 스스로 아무런 대비도 하지 못했다는 생각에 신경이 곤두서고 조마조마하여 안달이 날 것이다. 이에 더해, 뉴스를 끊은 당신은 다른 모든 사람보다 불리한 상황에 처했다고 생각하게 될 것이다. 세상으로부터 배제되었다는 기분, 완전히 고립되었다는 느낌도 받을 것이다. 평소 매 시간마다 즐겨 찾았던 뉴스 포털에 들어가 첫 페이지만이라도 훑어보고 싶다는 유혹에 빠질 것이다. 이 유혹을 견뎌내야 한다. 극단적인 방식의 뉴스 끊기를 끝까지 참고 해보자. 딱 30

일 동안만 뉴스 없이 살아보는 것이다. 30일을 버틴 이후의 삶은 당신의 몫이다. 어쩌면 당신은 이렇게 말할지도 모른다. "30일이 지나고 다시 예전의 삶으로 돌아왔지만, 그래도 그 30일 동안은 끝까지 버텼어." 이 정도만 되어도 의미가 있다. 그렇다면 왜 30일일까? 해보면 알겠지만 뉴스 없이 한 달을 지내다 보면 마음의 평화라는 신선한 감정을 느끼게 된다. 아마도 누군가는 평생 경험하지 못할 생소한 감정일 것이다. 뉴스가 없는 30일 동안 당신은 세상을 더욱 잘 이해할 수 있는 능력과 보다 높아진 집중력을 확인하게 될 것이다.

30일은 중요한 문턱이다. 한 달이 지나고 나면 당신은 한 가지 사실을 깨닫게 될 것이다. 뉴스를 중단했음에도 중대한 사실들을 놓치지 않았다는 것과 앞으로도 인생에 꼭 필요한 무언가를 결코 놓치지 않을 거라는 확신이 생기는 것이다. 정말 중요한 정보라면 당신이 굳이 노력하지 않아도 빠른 시일 내에 당신에게 알려질 것이다. 친구나 가족 또는 주변 누군가를 통해 어떻게든 알게 된다. 친구를 만날 일이 있으면, 요즘 일어나고 있는 중요한 일을 한번 물어보자. 그러면 대부분은 이렇게 답할 것이다. "별일 없어."

30일을 무사히 버텼다면, 그다음은 당신의 손에 달려 있다. 뉴스로 오염된 예전의 삶으로 돌아갈지 여부는 당신이 결정할 일이다. 만약 과거의 일상으로 돌아갔다가 나중에 재차 뉴스 끊기에 돌입하고자 한다면, 다시금 첫 단계부터 시작해야 한다. 혹독한 30일을 또다시 견뎌야 하는 것이다. 내가 뉴스 끊기를 권한 사람들의 경우, 대부분은 지금까지도 그 상태를 유지하고 있다. 뉴스를 멀리함으로써 새로 얻은 활기가, 뉴스 끊기의 단점을 압도하고도 남을 정도로 유익하기 때문이다.

어쩌면 당신은 이 책을 끝까지 읽기도 전에 고난의 첫 30일을 무사히 넘겼을지도 모르겠다. 그렇다면 진심으로 축하한다. 뉴스 없이 30일을 보냈다면, 당신은 하루에 90분을 얻은 것이다. 이는 일주일에 하루와 맞먹는 시간이다. 보수적으로 계산해도 1년에 한 달이 넘는 시간이다. 뉴스를 소비했다면 사라졌을 한 달이 그대로 남아 있다. 이제 당신은 1년 열두 달을 고스란히 누리게 된 것이다.

뉴스 끊기 덕분에 풍부해진 시간으로 무엇을 하고 싶은가? 책을 읽는 건 어떨까? 전문가들이 오랜 시간 공들여 쓴 장문의 신문이나 잡지 기사를 읽는 것은 어떨까? 아니면 인터넷에서 다양한 강좌를 수강하는 것도 좋겠다. 잘 찾아보면 수준 높은 강좌들을 무료로 혹은 약간의 비용을 지불하고 들을 수 있으며, 꾸준히 참여하면 수료증이나 특정 학위를 받을 수도 있다. 애플에서 제공하는 무료 교육 콘텐츠인 아이튠스 유, 비영리 교육 서비스인 칸 아카데미, 온라인 원격 교육 사이트인 유다시티, 그리고 세계 유수의 대학 강의를 들을 수 있는 아카데믹 어스 등을 권하고 싶다. 이 같은 온라인 강좌를 통해 당신은 세상의 근간을 이루는 메커니즘을 이해하게 될 것이다. 지금 우리는 지식의 폭이 아닌 깊이에 집중해야 하는 시대에 산다. 방대한 양의 정보를 얻으려 애쓰지 말고 당신에게 반드시 필요하고 당신의 능력 범위와 연관된 내용에 초점을 맞추어야 한다.

뉴스를 끊은 덕에 생겨난 넉넉한 시간으로 사색을 하는 건 어떨까? 마이크로소프트를 설립한 빌 게이츠는 1년에 두 차례씩, 일주일 내내 사색의 시간을 보낸다고 한다. 그는 가방 한가득 책을 넣고 메모가 적힌 서류 더미를 챙겨 들고는 외딴 섬이나 숲속 별장으로 들어가 생각 주간을 가진다. 빌 게이츠처럼 당신도 사색의 시간을 가져보자. 1년에 2주를 보내거나 또는 더 많은 시간을 할애해도 좋을 것이다. 뉴스를 끊은 덕에 1년에 한 달이라는 시간이 선물처럼 주어졌다. 이를 충분히 활용해보자. 어떤 곳이라도 상관없다. 외딴 시골에 있는 고요한 오두막에서도 사색은 얼마든지 할 수 있다.

뉴스 끊기의 첫 번째 단계인 30일간의 단식 동안에는 그 어떤 뉴스도 소비해서는 안 된다. 문자 그대로 스스로를 강제해야 한다. 억누를수록 충동은 높아지겠지만, 그만큼 당신의 의지력도 점점 더 강해질 것이다. 의지력으로 버티다 보면 뉴스를 보고자 하는 충동도 머지않아 사라진다. 그러면 더 이상 의지력을 발휘할 필요도 없어진다. 뉴스에 대한 관심과 흥미가 더 이상 생겨나지 않기 때문이다. 여기까지 왔다면 두 번째 단계에 도달했다고 볼 수 있다.

세 번째 단계에 이르면 뉴스에 아무런 흥미가 없는 차원을 넘어선 것이다. 그러면 공공장소에서 흘러나오는 뉴스 화면도 저절로 외면하게 될 것이다. 여기까지 왔다면 축하한다! 당신은 이제 '뉴스로부터 깨끗한' 상태에 이르렀으며 본연의 삶을 되찾은 셈이다.

온건한 방식의 뉴스 끊기

내가 제안하는 방법이 너무 극단적이라 생각하는 독자들을 위해 뉴스를 끊는 '온건한 방식'을 추천할까 한다. 우선 모든 (온라인 및 오프라인) 일간지를 비롯하여, 라디오와 텔레비전, 그리고 소셜 미디어를 완전히 끊어야 한다. 대신 주간 신문이나 주간 잡지 하나만 정하여 읽는다. 더도 말고 덜도 말고 딱 하나만. 주간지는 종이로 인쇄된 것만 읽자. 이유는 단순하다. 인쇄된 신문에는 다른 페이지로 이동할 수 있는 하이퍼링크가 없기 때문이다. 하이퍼링크는 기본적으로 2가지 문제를 안고 있다. 첫 번째로, 하이퍼링크를 접할 때마다 우리는 연결된 링크를 클릭할지 말지를 결정해야 한다. 이 결정을 위해 시간과 집중력, 그리고 일말의 의지력이 소모된다. 두 번째로, 만약 링크를 클릭하면 원래 읽으려 했던 기사와는 거리가 있는 저 멀리 어딘가로 흘러가게 된다. 그러면 우리는 순식간에 넓디넓은 인터넷 속에서 길을 잃고 만다. 마치 정처 없이 표류하는 해양 쓰레기처럼 이리저리 치이며 배회하게 되는 것이다.

주간지를 하나 골랐다면 단번에 끝까지 읽도록 하자. 여러 차례 나누어 읽거나 며칠에 걸쳐 읽을 필요는 없다. 가장 좋은 방법은 제한된 시간 내에 정독을 마치는 것이다. 이를테면 신문 전체를 60분 동안 읽기로 정한다면, 그 시간 내에 모두 보는 것이다. 이를 위해 타이머를 맞춰두는 것도 좋다. 이렇게까지 하는 이유는 뉴스의 해로움이 당신의 두뇌와 정신에 미치는 영향력을 최소화하기 위함이다. 그렇다면 어떤 신문을 골라야 뉴스의 악영향을 최소화할 수 있을까? 저속하고 선정적인 내용을 과하게 드러내지 않으며, 광고 수익으로 재정을 충당하는 비율이 낮은 신문이 그나마 최선이다. 이런 조건을 갖춘 주간지 중에서 하나만 선택해야 한다.

주간지 하나를 고르고 읽는 시간까지 제한했다면, 다음 단계에서는 신문 한 부당 고정적으로 읽는 기사의 수를 차츰 줄여보자. 내 친구 몇몇은 〈이코노미스트〉만 읽으며, 그 안에서도 사설 기사만 골라서 본다. (가령 '사설'이라는 제목이 붙은 기사들 가운데 5개만 추려서 읽는 식이다.) 다른 이들의 경우 〈슈피겔〉의 사설만 읽으면서 다른 모든 기사는 멀리한다. 또 다른 친구들은 〈디 벨트보헤Die Weltwoche〉의 편집자 논설이나 〈디 차이트Die Zeit〉의 주필 코너, 아니면 〈파이낸셜 타임스 위켄드〉의 논평만 읽는다. 이들처럼 틀을 하나 정하여, 매주 같은 코너에서 읽을 만한 글을 선택하는 것이 이상적이다.

이런 식으로 제한된 기사만 접하면 뭔가 중요한 것을 놓칠지도 모른다는 두려움을 느낄 수 있다. 그러나 이 이야기를 들으면 안심이 될 것이다. 당신이 매주 〈슈피겔〉의 사설을 읽는다고 생각해 보자. 그러면 당신은 1년에 52개의 기사를 접하게 된다. 그 말은 한 해에 벌어진 주요 사건 52개에 관한 기사를 전부 읽게 되는 것이다.

'온건한 방식'의 뉴스 끊기를 몇 달간 지속했다면 이제 당신은 완전한 뉴스 끊기로 옮겨갈 준비가 되었다. 그렇다면 이쯤에서 중간 단계로 넘어가는 걸 권하고 싶다. 당신이 고른 유일한 주간지의 최신호가 우체통에 꽂혀 있다면, 읽지 말고 그대로 서랍 안에 한 달쯤 넣어두자. 최신호 대신 최소 한 달이 넘은 과월 호를 읽는 것이다. 그럼 이미 한참 전에 간행된 신문이나 잡지 속에서 친구들이 종종 언급하는 크고 무거운 주제들(시리아 내전, 무역 전쟁, 브렉시트Brexit, 그 외에 항상 등장하는 일련의 사건들)을 발견하게 될 것이다. 과월 호를 읽으면 뉴스의 소용돌이 속으로 빨려 들어가는 위험을 줄일 수 있다. 동시에 당신은 이런 '자가 실험'을 통해, 중요한 무언가를 놓치지 않았다는 안정감을 경험하게 될 것이다. 뉴스를 피함으로써 당신은 쉽게 흔들리지 않는 인간으로 성장할 것이다.

그럼에도 '온건한' 방식은 극단적인 뉴스 끊기보다 훨씬 위험하므로 주의를 기울여야 한다. 부분적으로 뉴스를 허용하는 온건한 방식을 취하다 보면, 휘몰아치는 '뉴스 기류'에 흔들릴 수 있기 때문이다. 적당히 뉴스를 받아들이면 뉴스 매체에서 흘러나오는 유혹의 노래가 더 크고 달콤하게 들리며 매혹적으로 느껴질 수 있다. 이를 견뎌낼 자신이 없다면, 보다 효과적으로 뉴스에서 벗어나고 싶다면, 처음부터 뉴스를 엄격하게 제한하는 극단적인 길에 발을 들여보자. 개인적으로 나는 극단적인 방식을 더 선호하며 적극 권하고 싶다. 즉 모든 뉴스로부터 스스로를 완벽하게 차단하는 것이다.

뉴스 끊기를 한참 진행하다가 다시 예전의 일상으로 돌아가버린다면 어떻게 해야 할까? 나 또한 그런 경험을 했다. 때는 2016년, 트럼프가 미 대통령으로 당선될 무렵이었다. 당시 나는 선거전으로 뜨겁게 달아오른 뉴스의 물결 속에 갑자기 빠져들어 좀처럼 헤어 나올 줄 몰랐다. 그때 나는 날마다 〈노이에 취르허 차이퉁〉과 〈뉴욕 타임스〉의 웹사이트에 들어가 뉴스를 보며 조언을 얻고 방안을 찾고자 했다. 무수한 뉴스가 그저 나를 자극하고 흥분시킬 뿐, 내가 아무리 열을 올려봐야 아무런 영향을 미칠 수 없다는 사실을 깨닫고 나서야 뉴스 읽기를 그만두었다. 뉴스를 접하자마자 나는 온갖 부정적인 효과를 몸소 느끼게 되었다. 갑작스런 뉴스 소비로 나는 신경과민과 시간 낭비를 겪었다. 이외에도 나는 뉴스 끊기를 내 손으로 깨트렸다는 사실에 큰 불쾌감을 느껴야 했다. 말하자면 내면의 평정이 갑절로 무너진 것이다.

그로부터 정확히 4주 뒤에 나는 뉴스의 수도꼭지를 다시 잠갔다. 그렇다면 과거의 악습으로 되돌아간 상태에서 우리는 무엇을 해야 할까? 답은 간단하다. 알코올 의존증이 재발했을 때 취하는 조치와 동일하다고 보면 된다. 다시 맨 처음으로 돌아가 '무관용 원칙'에서부터 시작하는 것이다. 극단적이든 온건한 방식이든 뉴스 끊기를 하다가 중도에 이탈했다면, 어떤 뉴스도 허용하지 않는 무관용 원칙에서 출발해야 한다.

뉴스 없이
풍요로운 일상을 만드는 법

이제 우리를 바보로 만드는 뉴스 없이 보다 풍요로운 일상을 보낼 수 있는 방법을 제안할까 한다. 무엇보다 여럿이 모인 공적인 공간에서 이를 실현하다 보면 우리 사회의 민주주의 또한 활기를 띠게 될지 모른다. 뉴스 없이 일상을 풍요롭게 만드는 방법은 다음과 같다.

식사 시간을 뉴스 없이 어떻게 보낼 것인가. 혼자 밥을 먹을 때 나는 작업실에서 오디오북을 들으며 시간을 보낸다. 뉴스가 들어올 틈은 없다. 누군가와 밥을 먹을 때 나는 사람들에게 이런 질문을 던진다. 우리가 밥을 다 먹고 이 시간을 되돌아보았을 때 만족스러운 식사였는지 판단하는 기준은 무엇인가, 라는 질문이다. 돌아오는 대답은 대부분 비슷하다. 상대와의 대화를 통해 자신이 지금껏 몰랐던 뭔가 의미 있고 중요한 것을 경험하며, 그로 인해 세상을 한층 깊이 이해할 수 있게 되었을 때 만족스런 시간이라 생각하는 것이다.

이때 한 가지 주제를 중점으로 이야기를 하면 특별히 더 소중한 시간이 된다. 하나에만 집중하면 피상적인 겉핥기가 아닌, 깊은 곳으로 들어갈 수 있다. 점심 식사 상대가 한 가지 주제를 세세히 다루며 대화를 나누면 그 자리에 있는 나 또한 관련 주제에 대한 지식을 얻을 수 있다. 그 반대도 마찬가지다. 만약 상대가 기자라면 그는 현재 자신이 취재하고 있는 중요한 기삿거리를 상세히 설명해줄 것이다. 그걸 듣는 나 또한 해당 사건의 전말, 발생 요인, 뉘앙스, 분위기, 맥락, 그리고 사건을 대하는 기자의 태도까지 경험하게 된다. (말하자면 메타 정보까지 얻는 셈이다.)

이렇게 대략 15분 동안 상대방의 이야기를 들었다면 이번에는 내 차례다. 내가 현재 몰두하고 있는 문제나 주제를 딱 하나만 골라 자세히 전하는 것이다. 그러면 내가 그랬듯이 상대방도 새로운 지식이나 깨달음을 깊이 있게 얻게 된다. 나 같은 경우에는 최근 집필 중인 책의 한 챕터에 초점을 맞추거나, 요즘 구상 중인 사업 아이디어를 구체적으로 전할 수도 있다. 내 이야기의 분량 역시 15분 정도면 충분하다. 두 사람이 각각 하나의 주제로 깊은 이야기를 15분씩 주고받았다면, 나머지 점심시간은 에스프레소 한

잔을 마시고 밥값을 계산하면서 마무리하면 된다. 그러면서 좀 전의 이야기를 조금 더 깊숙이 들여다보거나, 다른 주제를 꺼내며 대화를 확장할 수도 있다. 이런 형식의 만남을 나는 '뉴스 런치'라 부르며 자주 활용한다. 뉴스 런치를 마치면 나는 경쾌하고 활기찬 발걸음으로 산책을 하며 작업실로 돌아온다. 이런 식으로 점심을 나눌 경우 (적어도 나는) 허탕으로 끝난 적이 없다. 반드시 무언가가 남기 때문이다.

두 사람이 15분씩 발제를 하는 뉴스 런치 아이디어는 얼마든지 다양하게 응용할 수 있다. 식탁 앞에서 보다 신선한 생각들을 주고받길 원하는 다양한 사람들과 자리를 마련하여 한결 풍요로운 점심을 나눌 수도 있다. 이러면 어떨까. 시내 레스토랑이나 세미나 공간을 하나 빌려 정기적으로 뉴스 런치를 여는 것이다. 앱이나 웹사이트에 뉴스 런치의 날을 등록하여 공개적으로 알리고, 평일 점심 12시에 모여 함께 시간을 보내는 것이다. 신선하고 바삭한 2개의 발표를 각각 15분 동안 듣고 참여하면서 영양가 높은 점심 식사를 나누는 식이다. 조금 더 구체적으로 제안한다면, 기자 한 명이 뉴스 런치에 참여하여 현재 자신이 다루고 있는 가장 중요한 기삿거리를 15분 동안 집중적으로 소개하는 것이다. 머리기사 같은 표면적 접근이 아닌 이야기의 맥락에 초점을 맞추어야 한다. 직업인으로서 기자가 해당 주제를 바라보고 다루며 풀어나가는 특유의 분위기와 색채가 발표 안에 담겨야 한다. 다루는 기사의 범위가 좁을수록, 즉 우리 도시 또는 우리 동네와 관련된 내용일수록 뉴스 런치에 참여하는 사람들과의 연관성은 더욱 깊어진다.

기자의 발제가 끝나면 그다음에는 다음 사람이 순서를 이어간다. 특정 분야의 전문가인 기자도 상관없다. 두 번째 발제에선 매체가 거의 취급하지 않는 현상이나 사건에 초점을 맞춘다. 전개가 너무 느려서, 추상적이어서, 자극적인 그림이 없어서, 누군가의 개인사와 엮을 수 없어서 매체가 결코 들여다보지 않지만 관심을 가질 필요가 있는 주제를 역시 15분 동안 소개하는 것이다. 2개의 발제가 끝나고 나면 간편하면서 건강에도 좋은 점심 식사를 나누면 된다. 식사 시간을 포함한 총 뉴스 런치 시간은 60분에서 최대 75분이 적당하다.

그럼 밥을 먹는 동안에는 무엇에 관해 토론할까? 당연히 앞에서 소개된 2가지 주제를 놓고 대화를 주고받으면 된다. 식사 시간에 오고가기에 이보다 더 좋은 토론거리가 있을까. 여기에 더해 모임이 계속될수록 매번 새로운 사람들을 만나게 되는데, 새로운 참가자는 모임의 세계를 확장하며 세상을 보다 넓고 깊게 이해할 수 있는 기회를 제공한다. 요약하면, 뉴스 런치는 사회적이고 정신적이며 고상한 미식의 시간이라 할 수 있다.

그렇다면 이 같은 뉴스 런치는 누가 계획하고 조직해야 할까? 레스토랑이나 기업을 경영하는 개인 사업가가 할 수도 있고, 아니면 텔레비전이나 신문 매체를 운영하는 언론사가 자체적으로 기획해도 좋다. 언론사의 경우 뉴스 런치의 참가자들은 잠재적인 구독자이기 때문에 독자를 이해하는 데 상당한 도움이 될 것이다. 대도시에는 뉴스 런치를 제공할 만한 인적, 물적 자원이 확실히 풍족하다. 그렇게 시간이 흐르다 보면 뉴스 런치에 참여하는 손님들은 여러 모임 중 청중이 많이 모이는 흥미로운 모임, 자신과 연관성이 가장 높은 주제를 다루는 모임이 어디서 열리는지를 알게 된다. 그러면 흥미와 관심사에 따라 모임을 골라 참석할 수도 있을 것이다.

어쩌면 이 뉴스 런치 아이디어는 하나의 시민운동으로 성장하여 여러 도시에 널리 퍼질지도 모른다. 그런 날이 온다면 당신은 친구가 하나도 없는 낯선 도시에서도 누군가와 함께 점심을 먹으며 토론을 나눌 수 있다. 물론 당신은 어느 식당 구석에 홀로 앉아 햄버거 하나를 꾸역꾸역 먹을 수도 있다. 그러나 도시 어딘가에서 열리는 뉴스 런치를 찾아가 사람들과 어울려 점심을 나누는 편이 훨씬 재미있고 의미 있지 않을까? 내용이 꽉 찬 지적인 토론, 건강한 음식, 그리고 흥미진진한 사람들과의 만남이 보장되는 곳이 있는데, 굳이 택하지 않을 이유는 없다. 게다가 모임의 진행 시간과 식사 비용이 정해져 있어 부담스러울 것도 없다.

뉴스 런치 문화가 전 세계적으로 퍼져 나가 언젠가 하나의 공동체 문화가 될지 누가 알겠는가. 틀에 정해진 자격 없이 누구나 어디에서든 모여 건강하게 점심을 나누며 집중 토론을 벌이는 날이 온다면, 자극적인 단신 기사들을 간식 삼아 쉼 없이 먹어치우던 사람들도 이 세상을 보다 잘 이해하게 될 것이다. "쓸데없는 대화는 피하라." 벤저민 프랭클린은 이런 말을 남겼다. 좋은 점심 식사는 서로의 관계에 풍부한 영양을 주어야 한다.

감사의 말

먼저 편집자 코니 게비스토르프에게 감사를 전한다. 더불어 이 책에 들어간 삽화를 그린 엘 보초에게도 깊은 감사를 표한다. 나는 피퍼 출판사의 마틴 야닉처럼 노련하고 뛰어난 교정 전문가를 본 적이 없다. 나의 전작 모두 그의 손을 거쳐 완성되었다.

나는 나심 탈레브 덕분에 뉴스로 인한 생각의 오류에 처음 주목하게 되었다. 수많은 깨달음 뒤에는 그가 있다. 하도 많아서 더 이상 그 깨달음이 무엇인지조차 일일이 떠올릴 수 없을 정도다. 뉴스가 유발하는 논리적 오류를 처음으로 깨달았을 때, 나는 영어로 된 짧은 논평을 작성했다.

이 책은 뉴스 소비라는 주제로 무수히 많은 사람과 의견을 나눈 덕분에 완성될 수 있었다. 그들이 없었더라면 이 책은 세상에 나올 수 없었을 것이다. 지난 수년 동안 소중한 고견을 건네준 많은 이에게 진심으로 고마움을 전한다.

(이름은 특별한 순서 없이 생각나는 대로 열거했다.) 토마스 & 에스터 셍크, 만프레드 뤼츠, 키퍼 블레이클리, 발레리 폰 데어 말스부르크, 피터 비벌린, 매트 리들리, 미하엘 헨가르트너, 마틴 베텔리, 가이 스파이어, 톰 래드너, 알렉스 바스머, 쇼쇼 루페너, 마크 발더, 크세니아 시도로바, 조지 컨, 아비 아비탈 울리 지그, 누마 & 코린 비숍 울만, 롤프 & 엘리자베스 제니, 바바라 & 리카르도 치아파글리니, 홀거 리트, 에리히 바구스, 볼프강 쉬러, 아냐 헤르겐뢰터, 에발트 리트, 마르셀 로너, 닐스 하간더, 슈테판 브루프바처, 로렌츠 푸러, 니콜 로엡, 안드레아스 마이어, 토마스 벨라우어, 어스 위틀리스바크, 발터 투른헤어, 노르베르트 리델, 라파엘로 단드레아, 다니엘 & 아드리엔 수르벡, 미리암 & 프랑소아 겔하르, 루 메리노프, 톰 우젝, 어스 바우만, 파스칼 포스터, 마틴 슈필러, 게오르그 디에츠, 앙겔라 & 악셀 코이네케, 대니얼 데닛, 루디 마터, 크리스토프 토니니, 시몬 베르치, 마크 베르너, 크리스티안 도러, 기에리 카벨티, 장-레미 폰 마트, 나의 부모님 루스와 우엘리 그리고 안타깝게도 세상을 떠난 프란츠 카우프만에게도.

무엇보다 나의 아내에게 깊은 고마움을 표하고 싶다. 나보다 훨씬 먼저 뉴스를 끊은 아내는 언제나 번뜩이는 아이디어로 나에게 영감을 준다.

참고문헌

여기에선 각 장에 해당하는 중요한 인용문, 출처, 독자에게 추천하는 글, 주석, 그리고 개인적인 논평 등을 추가로 담았다.

프롤로그

- 해당 기사의 최초 버전은 2011년 봄, 나의 개인 홈페이지에 처음 게재되었다. 이 기사는 나의 어떤 기고문보다 대단한 반향을 일으켰고, (호평과 반론을 포함한) 수많은 평을 받았다.
- 이 기사의 짧은 버전은 이후 〈가디언〉에 실렸다. 원제와 출처는 다음과 같다. "뉴스는 당신에게 해롭다 – 뉴스 읽기를 끊으면 당신은 더욱 행복해질 것이다 News is bad for you – and giving up reading it will make you happier", 〈가디언〉, 2013. 4. 12.(https://www.theguardian.com/media/2013/apr/12/news-is-bad-rolf-dobelli)
- 러스브리저는 영국에서 가장 오래된 일간지 중 하나인 〈가디언〉에서 1995년부터 2015년까지 편집국장을 역임했다. 그의 재직 기간 동안 위키리크스 Wikileaks 사태가 터졌고, 정치적으로 까다로운 문제임에도 〈가디언〉은 관련 기사를 꾸준히 실었다. 2018년 러스브리저는 뉴스 저널리즘을 날카롭게 비판하는 책 《뉴스 속보Breaking News: The Remaking of Journalism and Why it Matters Now》를 출간했다.

1부

뉴스 범람의 시대

- 뉴스가 처음 고안된 정확한 날짜는 알려지지 않았다. 그러나 활판인쇄가 발명된 이후, 대략 1450년대부터 낱장으로 인쇄된 전단 선전물이 생겨나면서 일종의 '독자층'이 널리 형성되었다. 전단지 형식의 인쇄물을 통한 선전 행위는 이른바 '독자의 의견'에 영향을 미치는 데 초점을 맞추었다. 전단지에는 주로 정치적 또는 종교적 설득 및 선전 문구들이 담겨 있었다. 이와 동시에 구독을 기반으로 하는 회보식 뉴스 산업이 개인 사업가 중심으로 발달하기 시작했다. '뉴스레터'라 불리는 당시의 회보는 구독료가 굉장히 비쌌으며, 사업가나 은행가와 같은 특정 계층에게 필요한 맞춤 뉴스를 발행했다. 정치적 격변과 국내외 수확량을 비롯해, 어떤 선박이 어떤 화물을 싣고 어느 항구에 입항하는지 등을 자세히 보도했다. 오늘날의 비즈니스 전문 회보와 유사하다. 이들과 달리 진짜 신문이라 불릴 만한, 전 세계에서 벌어지는 사실을 보다 넓은 독자층에게 전달하려는 목적을 지닌 '근대식' 신문은 17세기 초반에 처음으로 등장했다. 최초의 근대식 신문은 1609년 독일의 스트라스부르에서 주간 신문 형태로 창간되었으며, 이어서 볼펜뷔텔에서도 주간지가 발간되었다. 독일에서 시작된 신문 창간 열기는 암스테르담과 런던으로 이어지며 유럽의 전 도시로 퍼져나갔다. 그리하여 1640년에는 암스테르담에만 9개의 신문이 있었다. 시장에 등장한 최초의 일간지는 〈아인콤멘데 차이퉁〉으로 1650년 라이프치히에서 창간되었다. 1702년에 창간된 영국 최초의 일간지 〈데일리 쿠란트〉는 실질적 성공을 거둔 첫 번째 일간지라 할 수 있다. 뉴스의 역사를 보다 자세히 살펴보고 싶은 독자들에게 다음 두 권의 책을 권한다.

  앤드루 페트그리, 《뉴스의 발명The Invention of News: How the World Came to Know About Itself》, 예일대학교출판사, 2014. 미첼 스티븐스, 《뉴스의 역

사A History of News》, 워즈워스 출판사, 1996.

- 여기에 덧붙여, 요하네스 구텐베르크를 언급할 때 놓치지 말아야 할 부분이 있다. 즉 구텐베르크가 인쇄술을 발명하기 300년 전에 중국인들이 먼저 활판 인쇄를 발명했다는 사실이다. 단지 중국에는 문자가 너무 많아 인쇄술이 확고한 위치를 차지하지 못했을 뿐이다.
- 당시에는 인쇄에 드는 비용이 매우 높았기 때문에 당연히 판매가도 높았다. 따라서 책을 찍어내면 보다 넓은 지역을 대상으로 팔아야 했다. 인쇄업자들에게 책 출간은 돈이 되지 않았다. 반면 소위 '팸플릿'이라 불리는 소책자는 상당한 이익을 가져왔다. 팸플릿은 신문 형식이 아니라 특정 사건이나 선전을 짧은 글에 담은 인쇄물이었다. 팸플릿은 적은 비용으로 만들어 저렴하게 팔렸으며, 특히 지역을 중심으로 활발하게 퍼졌다. 이미 그때부터 인쇄업자(발행인)들이 책보다 뉴스를 선호한 이유가 바로 여기에 있다. "이런 종류의 팸플릿은 내용이 풍부한 책보다 훨씬 빠르게 수익으로 돌아왔다. 복사된 팸플릿의 대부분이 주로 지역 내에서 배포되고 소비되었기 때문이다. 당시 출판업자들이 왜 그렇게 뉴스 공급에 혈안이 되어 있었는지 쉽게 알 수 있는 대목이다…." (앤드루 페트그리, 《뉴스의 발명》, 73쪽.)

뉴스 중독자의 모임

- 루체른의 지역 일간지 〈루체르너 노이스테 나흐리히텐LNN〉의 전신은 〈루체르너 타게스-안차이거Luzerner Tages-Anzeiger〉로, 1897년 10월에 처음 발행되었다. 이후 1918년에 〈루체르너 노이스테 나흐리히텐〉으로 이름을 바꾸었다. 〈LNN〉은 중부 스위스에서 규모가 제일 크고 혁신적인 신문으로 자리 잡았으며, 1970년 발행 부수는 5만4,800부에 달했다. 바로 이 신문과 함께 나는 성장했다. 1980년, 당시 스위스에서 선두적 위치에 있었던 언론 그

룹 링기에르Ringier가 〈LNN〉을 인수하면서, 편집국장 위르크 토블러를 내보내며 그의 휘하에 있던 사람을 그 자리에 세웠다. 그러자 루체른에선 토블러의 해임에 반대하는 대규모 항의 행진이 벌어졌고 우리 가족 모두도 가두시위에 동참했다. 그때는 그랬다. 지역 일간지의 편집국장 교체에 다수의 시민이 술렁일 정도로 신문은 우리의 일상과 매우 밀접했다. 이는 내가 가두시위에 참여한 유일한 사건이기도 하다.

- 주제별 신문 면수는 1982년 12월 기준이다.
- 스위스 텔레비전의 〈타게스샤우〉는 1970년대에는 저녁 8시에 방영되었다. 그러다 1980년부터 방영 시간이 저녁 7시 30분으로 앞당겨졌다. 수십여 년이 흐르면서 〈타게스샤우〉의 형식은 수차례 변경되었다. 그럼에도 방송은 늘 예정된 시간에 맞춰 진행되었다. 80년대에는 28분이 걸렸고, 90년대에는 23분 동안 방송되었다. (https://www.medienheft.ch/index.php?id=14&no_cache=1&tx_ttnews%5Btt_news%5D=170&-cHash=34931e09f7074446862d72f0a2ed38f5)
- 포인트캐스트의 화면보호기 관련 자료는 이곳에서 참고했다.
  https://en.wikipedia.org/wiki/PointCast_(dotcom)
- 엄밀히 말하면, 뉴스는 약물과 같은 효과를 내는 것이 아니라 약물 그 자체다. 그래서 일단 뉴스를 접하고 나면 중독될 수밖에 없다. 우리는 뉴스 소비로 인한 중독을 사회적 중독이 아닌 개인적 문제라 생각한다. 이는 흡사 12세기 사람들이 십자군 전쟁이나 마녀사냥을 벌이면서, 스스로 얼마나 어리석은지 깨닫지 못했던 현상과 비슷하다. 1백 년 뒤 우리 인류는 역사를 뒤돌아보며 이렇게 물을 것이다. "이 당시 사람들은 대체 뭘 한 거지?"라고 말이다.

당신과 무관한 2만 개의 뉴스

- 나는 지역 날씨는 뉴스로 치지 않는다. 우산을 챙겨야 하나 말아야 하나? 하는 질문은 나의 일상과 실질적으로 관련이 있기 때문이다. 다행히도 요즘에는 날씨 전문 앱이 있다. 따라서 날씨 소식을 얻기 위해, 뉴스로 가득한 쓰레기 더미 속을 힘들게 헤쳐 나올 필요가 없다.
- 기자들이 중요한 사건들 속에서 핵심을 찾아내고 걸러내는 능력은 얼마나 뛰어날까? 아주 오래된 예를 하나 들어볼까 한다. 인터넷 브라우저 모자이크보다도 더 오래된 이야기다. 1914년 사라예보에서 오스트리아의 황태자가 암살당하는 사건이 있었다. 이 사건은 다른 그 어떤 뉴스보다 세계의 앞날에 중요한 의미를 내포하고 있었다. 지금 되돌아보면 너무도 자명하지만 당시에는 이 사건이 무엇을 초래할지 누구도 알지 못했다. 사라예보 사건이라 불리는, 오스트리아 황태자의 암살은 그날 당일에만 무수한 기사로 만들어져 전 세계 사방에 전파되었다. 그러나 이 암살 사건이 가까운 미래에 세계대전을 유발하리라 예상한 매체는 하나도 없었다.
- 나의 논지에 힘을 보태자면 다음과 같다. 현대인들은 '중대성 대 새로움' 사이에서 근본적인 갈등을 겪는다. 새로운 정보 대 중요한 정보 가운데 어느 쪽이 먼저일까. 언뜻 치열하고도 극적인 대립처럼 보이지만, 여기에서 가장 중요한 기준은 우리의 인생에 있다. 다시 말해 우리의 인생과 연관성이 높은 쪽이 우선이다. 뉴스를 생산하는 조직들은 지식과 정보를 팔며, 우리에게 중요한 것이라 확약한다. 하지만 실제로 우리에게 전달되는 뉴스들은 얄팍하고 깊이 없는 것들이 대부분이다. 이제 이를 깨달을 때가 되었다. 그동안 우리는 뉴스를 뒤덮고 있는 '중대성'이라는 아우라에 눈이 멀어 있었다. 이제 그 아우라를 벗겨내야 한다. 뉴스는 사건, 사고에 불과하다. 뉴스와 중대성은 별개의 문제다. 뉴스 중에는 중대성을 지닌 것도 있으나, 뉴스와 중대성이 교차되는 지점

은 극히 드물다. 중대하기는커녕 일시적이고 덧없으며 피상적이기만 하다. 당연히 매체들은 중대성이라는 아우라를 고수하기 위해 수단과 방법을 가리지 않고 부단히 애쓴다. 그러므로 '중요한' 뉴스를 찾아 밤낮없이 매달리는 일상에서 벗어나기를 바란다. 너무도 끔찍한 삶이지 않은가. 그건 마치 '칼뱅주의적' 심리적 감옥에 갇힌 삶과 같다. 엄숙주의에서 벗어나 인생을 가볍게 즐기길 바란다. 조금은 경솔하고 뻔뻔하고 무익하고 제정신이 아닌 듯한 일을 해도 좋다. 여기에서 관건은 당신의 인생이다. 당신의 건강, 경력, 인간관계, 노후 생활에 도움이 되는 일에만 집중하자. 당신의 인생과 무관한 것들에 귀한 시간과 에너지를 낭비하지는 말자.

- 중요성은 개인적인 결정의 문제다. 많은 사람이 이 사실을 잊고 살아간다. 나는 이를 표현의 자유만큼 기본적으로 견지하며 산다. 뉴스의 회오리바람 한가운데에서, 머나먼 나라에서 벌어진 쿠데타는 나와 상관이 없다고 결정하는 것이 바로 자유다. 이 자유를 분명히 인식하면서 '세계 뉴스'를 무시하려면 대담함을 넘어 어느 정도의 뻔뻔함이 필요하다. 99퍼센트의 사람들이 중요하다고 여기는 무언가가 당신에게 전혀 중요하지 않더라도 불쾌함을 느끼지 말자. 다시 말하지만 중요성, 연관성은 개인적 결정의 문제다.
- 그럼에도 견디기 힘들다면 해결책이 있다. 당신에게 꼭 필요하며 당신의 인생과 연관성이 높은 뉴스들만을 걸러내고 선별하여 읽는 것이다. 개인 비서가 있다면 이 작업을 맡기면 된다. 그렇다면 더할 나위 없이 좋을 것이다. 하지만 우리 대부분은 개인 비서가 없다. 우리는 각자, 오롯이 홀로 뉴스의 소용돌이 한복판에 서 있다. 따라서 스스로 필터링을 하며 골라내야 한다. 뉴스를 걸러내기 시작하는 그 순간부터 우리는 뉴스를 소비하게 된다. 결국 뉴스를 끊는 길 외에는 다른 방법이 없다.
- 뉴스를 순전히 즐거움이나 오락을 위해 소비하는 이들은 이쯤에서 반론을 제

기할 수도 있다. 뉴스가 정말로 당신에게 즐거움을 준다면, 하던 대로 소비하면 된다. 텔레비전 뉴스인 〈타게스샤우〉도 마찬가지다. 뉴스를 단지 오락의 대상으로 삼고 이를 확실히 인식하며 소비한다면 아무런 문제가 없다. 예를 들어 할리우드 영화를 보러 극장에 가면, 우리는 앞으로 두 시간을 즐겁게 보내리라는 걸 알고 자리에 앉는다. 소설을 한 권 읽을 때에도, 첫 줄부터 우리는 앞으로 가볍고 재미있는 시간이 이어질 거라는 걸 정확히 안다. 그런데 텔레비전 뉴스도 이 같은 즐거움을 선사하는 걸까? 지구 반대편에 있는 두 정상이 만나 손을 맞잡는 장면이 과연 오락거리가 될까? 우리는 보통 뉴스를 보며 뭔가 중요한 것을 다룬다고 생각한다. 실제로 전혀 중요하지 않음에도 무의식적으로 반응하는 것이다. 이런 무의식적 반응에 우리의 내면이 과연 제대로 대응할 수 있을지, 나는 진지하게 의문이 든다. 세상에는 뉴스 사이트를 서핑하는 일보다 훨씬 재미있으면서 덜 위험한 오락거리가 무궁무진하게 많다.

- 1993년은 인터넷 브라우저 '모자이크'가 세상에 등장한 해다. 모자이크는 세계 최초의 그래픽 웹 브라우저로, 그해 11월 11일에 마이크로소프트 윈도우용 1.0 버전이 첫선을 보였다.(https://en.wikipedia.org/wiki/Mosaic_(web_browser)) 그렇다면 1993년 11월 11일, 독일의 〈타게스샤우〉는 무슨 소식을 전했을까? 주 4일 근무를 논의 중인 폭스바겐. 광부들의 시위. 교육제도 개선을 위한 총리 주관 회의. 빈-도르트문트 구간 야간열차에서 국경경비대의 총에 맞은 두 명의 독일인. 교황 요한 바오로 2세의 어깨뼈 골절.(https://www.tagesschau.de/multimedia/video/video1349618.html) 뭐 좋다. 미국에서 독일까지는 시간이 좀 걸리니, 소식이 다소 지연되었을 수도 있다. 그럼 모자이크 브라우저가 출시된 바로 다음 날, 〈타게스샤우〉는 어떤 소식들을 다루었을까? 철도 개편(오스트리아 국영 철도와 서독 철도의 통합). 독

일의 정치자금법 개편. 이스라엘 총리 라빈과 만난 미국의 클린턴 대통령. 마피아 소탕 전문 판사 지오바니 팔콘의 살해 용의자 신원 확인. 간단히 요약하면, 뉴스 어디에도 '인터넷 브라우저' 관련 소식은 없었다. (https://www.tagesschau.de/multimedia/video/video1350580.html) 스위스를 비롯해 미국이나 영국의 매체들도 사정은 크게 다르지 않았다.

- 뉴스의 쓸모없음을 향한 비판은 전에도 있었다. 1877년 출간된 톨스토이의 대작 《안나 카레니나》에는 이와 관련된 이야기가 나온다. 등장인물 중 하나이며 학자 겸 저술가인 세르게이 이바노비치는 다음과 같은 사실을 인지하고 있었다. "신문들은 그저 주의를 끌거나 다른 신문들을 견제할 목적으로, 불필요하고 과장된 기사들을 쏟아내고 있다."
- 뉴스가 정말 중요하고 또 뉴스와 직접적으로 관련 있는 사람은 누구일까? 바로 뉴스 기자들이다. 이들은 다른 지역에서 어떤 사건이 일어나는지 알아야 하며, 그 사건을 자신의 매체를 통해 보도해야 하는지 여부도 파악해야 한다. 또한 다른 기자 및 다른 매체들이 해당 사건을 어떻게 쓰는지도 알아야 한다. 여기에 더해 뉴스 기자들은 (경쟁사를 포함하여) 어떤 머리기사가 유독 시선을 강하게 끄는지도 알아야 한다. 뉴스는 기자의 능력 범위와 매우 밀접하게 연계되어 있다. 따라서 뉴스는 부분적으로 '자기 언급' 시스템이라 할 수 있다. 뉴스 기자를 제외하면, 뉴스를 정말 소비해야 하는 직업은 극히 드물다. 기껏해야 정치인과 외교관 정도이다. (정치인과 외교관도 본인의 지역이나 담당 국가에 관한 뉴스만 필요하다.) 이들 외에 다른 모든 사람들은 뉴스를 끊어도 거리낄 게 없다.
- 세계에서 벌어지는 사건, 사고와 우리의 삶을 분리할 수 있을까? 그래도 괜찮을까? 둘 사이의 연결 고리를 풀어도 어차피 모든 것은 연결되어 있으며, 우리 각자의 인생에 영향을 끼친다. 우리와 상관없어 보이는 사건이 실제로

관련이 있다면 말이다. 이런 논리로 세상을 바라보면 다음과 같은 해석이 가능하다. 예컨대 테헤란에서 일어난 정치적 시위는 이란뿐 아니라 주변 여러 곳에 커다란 혼란과 동요를 야기할 것이다. 그로 인해 이웃 국가들은 불안정한 상황에 처할 수 있다. 이란의 석유 생산이 줄어들거나 석유값이 증가하면, 난방유의 가격에 영향을 줄 수 있다. 그럴 경우 한 개인인 당신이 내야 하는 난방비에도 영향이 미친다. 그리 심각하지 않은 결과만 언급하면 그렇다. 이처럼 다른 대륙에서 발생한 시위 하나는 실제로 당신의 삶에 영향을 미칠 수 있다. 이런 식으로 논의를 이어가면, 비단 여기에서만 끝나지 않는다. 이 같은 논의는 이른바 '나비효과'에 토대를 두고 있다. 아마존 유역 어딘가를 나는 나비 한 마리의 날갯짓이 캔자스에 토네이도를 일으킬 수 있다는 그 효과 말이다. 나비효과가 묘사하는 인과의 연쇄는 눈에 그려질 정도로 생생하다. 이를테면 한 나비의 날갯짓이 주변 공기에 변화를 일으켜 미세한 기류를 만들고, 또 그 기류가 주위의 공기 및 여러 체계에 연쇄반응을 일으켜 최종적으로 토네이도를 초래한다는 것이다. 너무도 단순한 논리다. 물론 이 나비 한 마리가 캔자스의 날씨에 미치는 영향은 영보다 크다. 하지만 세상에는 셀 수 없이 많은 나비가 있으며, 이들이 캔자스의 날씨에 미치는 영향력 또한 영보다 크다. 마찬가지로 난방유 가격에 영향을 미치는 요소는 (테헤란의 시위 외에도) 수만 수억 가지이며, 이들의 영향력 또한 영보다 크다. 오스트레일리아에서 넘어진 나무 한 그루, 아프가니스탄의 어느 길가에 소변을 본 강아지 한 마리처럼, 영향력이 영 넘어서는 요소는 무수하다. 모든 것이 연결되어 있다고 보는 나비효과는 '공논항null argument'에 불과하다. 이따금 나는 뉴스 소비 덕분에 우리가 풍요로워질 거라 주장하는 '공론空論'을 듣곤 한다. 이런 공론의 논지는 다음과 같다. 가령 당신이 (뉴스를 빠르게 접함으로써) 테헤란의 데모로 인해 유가가 오를 거라 누구보다 먼저 생각한다면, 당신은 소위 선물 거래를 통해 큰돈을 벌 수 있게 된다. 그러나 현실은 다르다. 산유국의 정치적 소요로 기름값이 오를 거라 생각하는 사람은 당신만이 아니다. 시장에는 수만 명의 매크로 트레이더macro trader들이 활발하게 활동하고 있다. 매크로 트레이더는 주식, 금리, 유가, 환율 등 세계 거시 경제지표를 예측하며 수익을 얻는 사람들이다. 말 그대로 가능성이 높은 인과관계에 돈을 걸어 수익을 올리는 직업이다. 당신이 담당 은행원에게 전화를 걸어 석유 콜 옵션call option을 매수한다 해도, 이미 너무 늦은 것이다. 여기에 덧붙여 만약 당신이 기름값 상승을 예측하며 관련 유가 증권을 사들이면, 누군가는 기름값이 떨어질 거라 예상하며 해당 증권을 매각할 것이다. 증권은 매수하는 쪽이 있으면 동시에 매도하는 쪽이 있다. 증권을 매각한 사람은 당신의 생각을 한 수 먼저 읽은 것이다. 지정학적 변화를 예측하여 투자하는 일은 굉장히 어렵다. 여기에는 운이 따라야 한다. 나는 이 분야에서 10년 넘게 장기간 투자하여 돈을 번 사람을 본 적이 없다. 유명 투자가인 찰리 멍거와 워런 버핏도 거시 경제지표를 바탕으로 한 투자는 하지 말라고 충고한다. 버핏은 이렇게 말했다. "예언가들의 무덤이 있다면 거시 경제 예언자들을 위한 자리는 따로 크게 마련해야 할 것이다." 보다시피 물질적 이익이라는 저렴한 만족감은 뉴스 소비를 정당화할 근거가 되지 않는다. 뉴스 끊기에 반대하는 또 다른 논지로, 뉴스가 '시대의 표적'이 된다는 말이 있다. 즉 뉴스를 통해 시대의 흐름을 읽어야 한다는 주장이다. 예를 들면 이런 식이다. 지금은 1938년이며, 당신은 유대인이고 베를린에 살고 있다. 뉴스를 거부한 유대인들은 국가사회주의의 대두로 인한 위험성을 미리 판단하지 못하여, 본인을 포함해 가족들 모두 생명의 위험에 처하게 된다. 반면 날마다 뉴스를 소비하며 최신의 소식을 접한 유대인들은 일찍이 위험을 감지하고 대처할 수 있다. 이런 논리대로라면 (별로 상상하고 싶지는 않지만) 혹시라도 그런 시대가 다시 왔을 때, 생존을 위한 필수 덕목은 최신 뉴스를 듣는 일이다. 다른 말로 표현하면, 뉴스 끊기는 당신과 당신의 가족을 불행에 빠트리게 된다. 여기까지가 뉴스를 '시대의 표적' 이라 여기는 쪽의 입장이다. 문제는 과학적으로 증명된 바가 없다는 것이다. 뉴스 소비와 생존율 사이의 연관 관계를 입증할 분석 자료는 없다. 오늘날처럼 그 당시에도 독일에서는 (유대인을 포함하여) 거의 모든 사람이 뉴스를 소비했다. 그럼에도 불구하고 6백만 유대인이 목숨을 잃었다. 여기에서 우리는 뉴스가 위험을 밝히거나 대중을 보호하는 힘이 있다고 말할 수 없다. 1930년대에는 혹여 뉴스를 완전히 거부했더라도 무슨 일이 벌어지는지 훤히 알았을 것이다. 유대인을 제외하는 법이 공포되고, 유대인의 사업장이 파괴되고, 높은 직위에 있는 유대인들은 해고당했다. 도처에 반反유대주의 선전물이 널려 있었다. 시대의 징후는 바로 눈앞에 있었다. 부족한 것은 (합리적 근거를 바탕으로 한, 수많은 개인의) 결단력이었다. '시대의 표적' 운운하는 논거는 뉴스 소비를 뒷받침하기에 충분하지 않다. 뉴스가 일말의 위로는 될 수 있다. 최신 뉴스를 소비함으로써 시대의 징후를 조금이라도 빨리 파악하면, 혹시나 우리 사회가 다시금 어둠에 빠지는 불행을 막을 수 있을 거라 스스로 위안을 삼을 수는 있다. 그런데 우리는 뉴스 없이도 시대의 흐름을 보다 선명히 알아챌 수 있다. 나치 시절처럼 암흑 같은 시대에는 뉴스가 아니더라도 온갖 프로파간다가 가득하기 때문이다. 끝으로 내가 자주 듣는 반론 하나를 더 소개하려 한다. 소위 '개인 금융'과 관련된 논의로, 이를테면 뉴스가 개인의 재정적 활동에 도움이 된다는 주장이다. 예를 들면 이렇다. 어쩌면 당신은 자산의 일부를 주식과 같은 유가증권으로 보유하고 있을지 모른다. 그럴 경우 어떻게 뉴스를 소비하지 않고 합리적인 투자 결정을 내릴 수 있을까? 이에 대한 답은 매우 간단하다. 한 기업에 대한 뉴스 보도가 광케이블을 타고 전 세계로 빠르게 퍼져 나가는 순간, 해당 주식들의 주가는 이미 보도에 영향을 받아 움직였을 것이다. 주식 전문 투자자들은 언제나 간발의 차로 당신을 앞서간다. 그러므로 가령 당신이 〈노이에 취르허 차이퉁〉이나 〈쥐트도이체 차이퉁〉의 국제 면을 샅샅이 읽으면서 (전문 투자자들보다) 세상을 더욱 잘 이해하게 되었다고 믿는다면 그건 큰 오산이다. 투자은행, 무역상사, 그리고 펀드 매니저fund manager들은 수십에서 많게는 수백에 달하는 경제 전문가들로 이루어진 팀을 꾸리고 있다. 그들은 당신만큼이나 똑똑하지만, 그들은 오로지 거시경제지표만 전문적으로 들여다보며 분석하는 일을 한다. 말하자면 거시 경제는 그들의 능력 범위인 셈이다. 게다가 그들은 고급 정보를 조달하는 통로와, 자료 조사 및 분석을 담당하는 인력을 따로 두고 있다. 당신이 아무리 많은 신문을 읽는다 하더라도 그들을 넘어설 수는 없다. 따라서 가능하면 빨리 뉴스 소비에서 손을 떼고 독자적으로 사고하는 길로 들어서야 한다. 요약하자면, 뉴스는 돈과 관련된 결정에 형편없는 토대를 마련할 뿐이다. 증권 분석가이자 금융 전문 작가였던 조지프 그랜빌은 이미 1976년에 이와 같이 경고했다. "증권업자와 투자자들은 종종 문제에 빠져 잘못된 결정을 내리곤 하는데, 그 이유는 그들이 뉴스를 소비하기 때문이다. 뉴스의 영향력은 너무 강렬하여, 뉴스의 영향을 심하게 받은 다수의 투자자들은 정보의 미로 속에서 길을 잃고 현명하게 투자하는 길을 보지 못한다. 한편 뉴스는 스마트 머니smart money를 다루는 노련한 전문가들에게는 매우 중요하다. 이들은 주식시장이라는 '게임'에서 뉴스가 맡은 역할을 제대로 알고 있다. 또한 이들은 뉴스라는 보호막 하에서 스마트 머니를 효과적으로 운용한다. 뉴스는 스마트 머니 전문가들이 주식을 팔고 싶을 때, 상대편 '선수들'이 주식을 사게끔 호도한다…. 뉴스는 주식시장에서 게임을 성공적으로 이끄는 데 쓸모가 거의 없다. 뉴스는 패자들을 위한 것이다." 이는 1976년에 출간된 그랜빌의 저서 《주식시장에서 최대 이익을 얻기 위한 그랜빌의 새로운 전략Granville's New Strategy of Daily Stock Market Timing for Maximum Profit》의 일부를 스위스 출신 투자가 마크 파버가 인용한 글을 옮긴 것이다. 〈시장 논평Market Commentary〉, 2018. 11. 1.

- "우리는 어디를 가든 스마트폰을 지니고 다니며 끊임없이 뉴스를 확인한다. 매 순간 세상과 연결되어 있지 않으면, 뭔가 정말 중요한 것을 놓칠 거라 생각하는 것이다." (클레이튼 크리스텐슨, 《당신의 인생을 어떻게 평가할 것인가?How Will You Measure Your Life?》, 하퍼 비즈니스, 2012, 91쪽.)

삶을 뒤흔들 만큼 중요한 뉴스는 없다

- "무슨 일이 일어나는지는 아무도 모른다. 신문들은 그저 그날그날 알게 된 것들을 내보낼 뿐이다." (막스 프리슈, 《몬타우크Montauk》, 주르캄프, 36쪽.)

2부

자극적인 이슈를 팝니다

- 다리 사고에 관한 예는 나심 탈레브에게서 (개인적으로) 들은 이야기를 토대로 했다.
- 혹하는 이야기, 요란한 그림, 충격적인 사건, 터무니없는 인물 등으로 이루어진 글이 독자를 사로잡아 상당한 돈이 된다는 사실은 17세기의 신문업자들(당시에는 통틀어 인쇄업자라고 불렀다)이 진작에 알아냈다. 그때부터 시작하여 오늘날까지 아무것도 달라지지 않았다. "신문들은 가장 흥미로운 사건에 초점을 맞추었다. 예컨대 스스로 악마라 칭하며 악마 분장을 하고 범죄를 저지른 사람에 대한 이야기는 마치 초자연적인 사건처럼 변질되어 신문 가판대에 올라 널리 퍼졌다. 신문업자와 목판 조각사들은 기형아의 출생, 이상한 동물, 기상이변, 그리고 자연재해와 같은 화젯거리를 끊임없이 제작했다. 지진

과 홍수는 매년 주기적으로 신문에 올랐다. 대중에게 가장 인기 있고 제일 많이 팔린 이야기는 하늘에서 일어난 불가사의한 현상들이었다. 이 현상들은 유성 또는 혜성일 가능성이 높은데, 이는 마치 무장한 군인이나 말을 탄 기수가 불꽃을 일으키며 하늘을 통과하는 듯한 모습으로 비춰졌다. 혜성이나 그 외에 다른 천체 교란 현상은 주로 미래의 불행을 암시하는 징조로 해석되곤 했다." (앤드루 페트그리, 《뉴스의 발명》, 91쪽.)

- 잘못된 '위험 지도'와 관련된 예는 조디 잭슨의 저서 《당신이 읽는 것이 곧 당신이다You are What You Read》를 참고했다. "만약 우리가 범죄 및 폭력을 다루는 뉴스 기사와 통계 자료를 비교해본다면, 뉴스에서 보도하는 빈도만큼 폭력과 범죄가 실제 우리의 일상에서 그렇게 자주 일어나지 않는다는 사실을 알게 될 것이다. 2016년 영국 통계청은 범죄 사건 보도에 대한 대중의 범죄 인식을 알아보는 설문조사를 진행했다. 조사 결과 1995년부터 범죄 보도 기사가 차츰 줄어들었음에도, 잉글랜드와 웨일스 주민의 60퍼센트는 최근 몇 년 사이 범죄가 늘어났다고 확신한다고 답했다." (조디 잭슨, 《당신이 읽는 것이 곧 당신이다》, 언바운드, 2019, 61쪽.) 조사 자료 원문은 아래의 주소에서 확인할 수 있다.
  https://www.ons.gov.uk/peoplepopulationandcommunity/crimeandjustice/articles/publicperceptionsofcrimeinenglandandwales/yearendingmarch2016

뉴스 생산자와 소비자가 빠지는 오해

- 뉴스를 생산하는 조직들은 더 많은 정보(팩트, 팩트, 그리고 더 많은 팩트)가 더 나은 결정을 내리게 해준다는 신념을 뒷받침하는 일에만 관심이 있다. 당신이 기업을 하나 운영하는 대표라고 가정해보자. 회사 직원들의 모든 사적 정

보를 알 수 있다면 당신은 얼마를 지불할 수 있는가? 정말 모든 걸 알 수 있다면? 아마 대다수의 사람들은 일정 금액을 제안할 것이다. 어쨌든 영보다는 큰 금액을 말이다. 하지만 나라면 영보다 적은 마이너스 액수를 제안하겠다. 내 직원들의 정치적 성향과 자녀 교육 방식, 그들의 노이로제 증상, 성생활, 꿈, 그리고 온갖 경험들은 내가 직원들과 함께 협력하여 회사를 운영하는 길에 방해가 될 것이다. 결국 마지막엔 회사뿐 아니라 나에게도 손해가 될 것이다. 때론 보다 적은 정보가 더 많은 것을 가져오기도 한다.

- "사람들은 종종, 결정에 앞서 가능한 한 많은 데이터를 모으는 것이 미래를 예측하는 최선의 방법이라 생각하곤 한다. 하지만 이는 마치 백미러만 응시하며 자동차를 운전하는 것과 같다. 데이터는 단지 과거에만 유효하기 때문이다." (클레이튼 크리스텐슨, 《당신의 인생을 어떻게 평가할 것인가?》, 14쪽.)
- 지금으로부터 아주 오래전인 1919년에, 오스트리아의 작가 겸 풍자가인 카를 크라우스는 '사실과 이해 사이의 반비례 관계'를 암시한 바 있다. "예전에 나는 다음과 같은 머리기사를 담은 신문들을 읽으며 좁은 시야를 유지했다. 1869년 오스트리아와 프랑스, 그리고 이탈리아 사이에서 이루어진 비밀스런 협상. 페르시아의 개혁 운동. 크로아티아 담당 장관 임명…. 이 같은 신문들을 읽지 않은 이후, 나는 내 시야가 확실히 넓어졌다고 느끼게 되었다." (카를 크라우스, 《나는 제 둥지를 더럽히는 새Ich bin der Vogel, den sein Nest beschmutzt》, 매트릭스, 2013, 81쪽.)
- '기관실'을 들여다보는 내용과 관련해선 나사 고다드 우주연구소NASA's Goddard Institute for Space Studies의 연구원인 개빈 슈미트의 글을 참고했다. "새로운 현상이 벌어졌을 때 우리에게 필요한 것은 '새로움' 그 자체를 이해하는 일이 아니다. 우리는 새로운 현상이 일어난 이유를 파악하게 도와주는, 맥락을 지닌 깊이 있는 지식이 필요하다. 아프가니스탄의 정세는 그 지역의 문

화와 역사에 대한 존중이 없으면 전혀 이해되지 않는다. 미래 기후변화에 대한 최근의 경고도, 맥락이 없으면 말도 안 되는 소리처럼 들릴 것이다. 기후 체계가 어떻게 작동하는지, 지금까지 기후가 얼마나 변화했는지 등 우리 기후 전문가들이 알고 있는 지식을 어느 정도 이해하고 받아들여야 그 경고의 의미를 알 수 있다. '아랍의 봄'이 촉발된 이유를 이해하려면, 오스만 제국의 붕괴와 이후 이어진 식민지 모험주의 등의 배경을 알아야 한다. 안타깝게도 이 같은 역사적 맥락과 배경은 전혀 뉴스거리가 되지 않는다. 새로운 현상과 오래된 역사 사이의 간극이 넓은 데다, 깊이 다룰수록 심오해지기 때문이다. 이건 마치 경기 규칙은 모르면서, 해당 경기 결과에 대한 정보를 적극 찾아보는 것과 같다. 여기에 더해 정보의 출처가 확실한지 확인할 의향도 없다면 더욱 심각하다. 대중의 공론은 종종 '부족주의'로 넘어가곤 한다. 그로 인해 해당 이슈를 스스로 깊이 파내려가기보다, 누가 무엇을 지지하는지에 따라 결정을 내리기가 쉽다. 현상의 깊이와 맥락에 보다 쉽게 접근할 수 있도록 기여하는 모든 노력은 칭송받으며 널리 확장되어야 한다. 새로이 등장한 온라인이라는 도구는, 지식의 수준을 막론하고 모든 정보를 제공하는 통로로 발돋움할 수 있다. 인터넷 검색 버튼과 함께 '맥락' 버튼이 나란히 있다면, 전후 관계와 배경 지식을 바로 얻을 수도 있을 것이다. 그러나 우리 모두가 공동으로 이를 우려하지 않는다면 아무것도 변하지 않을 것이며, 세상의 복잡성을 이성적인 방식으로 다루는 우리 사회의 능력 또한 차츰 쇠하게 될 것이다." (개빈 슈미트, "뉴스와 이해 사이의 단절The Disconnect between News and Understanding", 존 브록만 편저, 《우리는 무엇을 두려워해야 하는가What Should We Be Worried About?》, 킨들 버전, 4443.)

- 토머스 제퍼슨의 원문은 다음과 같다. "The man who reads nothing at all is better educated than the man who reads nothing but newspapers." (https://www.journalism.org/2008/10/10/a-continuum-of-condemning-the-press/#fn2)

2008년 금융위기는 아무도 예측하지 못했다

- 사후 확신 편향에 대한 자세한 설명은 다음의 책에서 확인할 수 있다. 롤프 도벨리, 《스마트한 생각들》, 한저, 57-60쪽.
- 나심 탈레브는 자신의 저서에서, 무엇이든 이유를 대야 하는 '저널리스트들의 강박'에 대해 이렇게 썼다. "2003년 12월의 어느 날, 사담 후세인이 체포되었을 때 블룸버그 뉴스는 13시 1분에 다음과 같은 자막을 속보로 타전했다. '재무부 채권 상승. 후세인 체포가 테러리즘 진압에 기여하지 못할 듯' 뉴스 매체는 시장에 변동이 생길 때마다 '이유'를 붙여야 한다는 강박감을 느낀다. 이로부터 30분 뒤, 매체들은 속보로 내보낼 일이 하나 더 생겼다. 즉 재무부 채권이 하락한 것이다. (재무부 채권은 특별한 일이 없어도 하루 종일 오르락내리락하며 변동한다.) 블룸버그 뉴스는 하락에 대한 새로운 '이유'를 대야 했다. 그리하여 이번에도 사담 후세인(위와 똑같은 사담)을 이유로 댔다. 13시 31분, 블룸버그는 다음과 같은 속보를 자막으로 내보냈다. '재무부 채권 하락. 후세인 체포로 위험률 높은 자산으로 자금 몰린 듯' 똑같은 사건(후세인 체포)을 가지고 완전히 반대되는 2가지 상황의 원인이라고 설명한 것이다. 이는 누가 봐도 불가능한 일이다. 채권의 상승과 하락은 이런 식으로 서로 연결될 수 없다." (나심 탈레브, 《블랙 스완》, 펭귄북스, 킨들 버전, 1795.)
- 무슨 일이 벌어졌을 때 'X 때문'이라고 단정하는 논리는 이른바 '기저율 무시'에 토대를 둔다. 예를 들어 당신이 취리히의 어느 지역을 걷고 있다고 생각해보자. 그러던 중 당신은 톰을 만났다. 톰은 마른 체형에 안경을 낀 남성으로, 모차르트 음악을 자주 듣는다고 한다. 여기에서 당신에게 질문을 하겠다. 그

러면 톰은 ① 취리히의 문학 교수일까, 아니면 ② 화물차 운전기사일까? 어느 쪽의 개연성이 더 높을까? 대다수의 사람들처럼 생각한다면 당신은 아마 톰을 문학 교수라 예상할 것이다. 그러나 개연성은 ②가 월등히 높다. 다시 말해 화물차 기사일 가능성이 더 높은 것이다. 취리히에는 문학 교수가 약 4명이 있으며, 화물차 기사는 대략 4천 명이 있기 때문이다. 심리학에서는 이를 기저율 무시base rate neglect라 부른다. 우리의 생각이 이런 오류를 범하는 이유는 무엇일까? 우리는 톰이 지닌 고유의 특징(마른 남성, 안경, 모차르트)에 미혹된 것이다. 그러면서 '이런 특징을 지닌 사람은 대체 얼마나 많을까?' 같은 질문을 스스로에게 하지 않았다. 우리의 두뇌는 이 같은 질문을 즐겨 하지 않는다. 두뇌는 숫자나 통계를 싫어한다. 두뇌는 기저율, 즉 기본 비율을 좋아하지 않는다. 반면 우리의 뇌는 이야기, 일화, 보기 드문 사례, 인물평, 그리고 실화는 사랑한다. 우리는 일화를 바탕으로 결정을 내리지, 통계에 바탕을 두지 않는다. (완전한) 통계는 일화나 이야기보다 세상을 훨씬 객관적으로 볼 수 있게 해준다. 일화는 진실이 아니다. 이러한 논리적 오류는 뉴스가 없어도 존재한다. 그러나 뉴스를 소비하면 이 오류는 극적으로 고조된다. 뉴스는 완벽한 '일화 공급자'이기 때문이다. 이는 기자들의 잘못이 아니다. (신문, 라디오, 텔레비전 뉴스가 아니라면) 기자들은 세상을 통계적이고 객관적으로 그려낼 능력이 있을 것이다. 하지만 매체를 소비하는 사람들은 통계를 원하지 않는다. 소비자들은 이야기, 일화, 그리고 특수 사례를 원한다. 소비자가 원하는 걸 생산하지 않는 신문은 살아남기 어렵다. 소비자가 원하는 글을 쓰지 않으면서 버틸 수 있는 기자는 없다. 그래도 의학계에서는 기저율을 무시하지 않으려고 부단히 훈련을 한다. 미국에서는 모든 의사에게 다음과 같은 표준 문구를 주입시킨다. "와이오밍에서 말발굽 소리가 들리고 검고 흰 줄무늬를 본 것 같다면, 그건 아마도 얼룩말일 가능성이 높다." 즉 낯선 병을 진단하기 전에 먼저 기본적인 개연성을 들여다보라는 말이다. 여러 직업군 가운데 '기저율 훈련'에 열을 올리는 직업은 안타깝게도 의사가 유일하다. 기자뿐 아니라 특히 우리 소비자들에게 기저율 훈련은 반드시 필요하다. 투자가들 사이에서 유명한 명언으로, "점을 쥐어짜지 말라"는 말이 있다. 말인즉슨 개별 자료점data point은 아무런 의미가 없다는 뜻이다. 그럼에도 많은 기자와 매체 소비자들은 각각의 점이 더 커질 거라는 유혹에 빠지곤 한다. 다시 말해 점을 쥐어짜면서, 점이 본연의 모습보다 더욱 의미심장해 보이도록 만들려 한다. 간단히 요약하면, 하나 혹은 몇몇의 점들을 가지고 일종의 추세를 파생시키려는 것이다. 예를 들어 전쟁이 하나 벌어지면 갑자기 인류 역사는 전쟁의 역사로 그려진다. 실제로 전쟁보다 평화가 더욱 만연함에도 역사는 전쟁 위주로 묘사된다. 전쟁은 평화보다 가시적이고 뚜렷하기 때문이다. 또는 북한이 대륙간 탄도 미사일ICBM에 불을 붙였다는 소식은, 마치 북한이 군사적으로 미국과 동등한 위치에 선 것처럼 해석되곤 한다. 물론 말도 안 되는 소리다. 혹은 '월가를 점령하라Occupy Wall Street'처럼 예기치 않은 시위 운동은, 마치 온 시민사회가 왼쪽으로 옮겨가는 중대한 시국인 양 비춰졌다. 하지만 이 시위는 몇 달 만에 소리 없이 와해되었다. 또 다른 예로, 증권시장은 보통 황소와 곰으로 비유되곤 한다. 황소는 뿔을 높이 들어 공격하므로 상승장을 뜻하고, 곰은 앞발로 내려찍기 때문에 하락장을 의미한다고 알려져 있다. 즉 사람들은 주식시장이 황소와 곰의 싸움처럼 상승과 하락을 적당히 주고받는다고 생각한다. 그러나 실제 시장이 '정상적인 폭'으로 움직이는 경우는 극히 드물다. 말했듯이 일화는 진실이 아니며, 점은 추세가 아니다.

• 앞에서 언급한 모차르트 팬과 관련된 예는 다음의 책을 참고했다. (로이 바우마이스터, 《문화적 동물The Cultural Animal: Human Nature, Meaning, and Social Life》, 옥스퍼드대학교, 2005, 206쪽.)

- 기저율 무시에 관한 보다 자세한 내용은 다음을 참고하길 바란다. 롤프 도벨리, 《스마트한 생각들》, 117-120쪽.

실체 없는 인플루언서의 명성

- 도널드 헨더슨 이야기는 다음의 기고문을 참고했다. 앨리슨 다케무라, "천연두 퇴치에 기여한 전염병학자의 사망Epidemiologist Who Helped Eradicate Smallpox Dies", 〈더 사이언티스트〉, 2016. 8. 22. (https://www.the-scientist.com/the-nutshell/epidemiologist-who-helped-eradicate-smallpox-dies-32993)
- 리처드 프레스턴은 〈워싱턴 포스트〉에서 이렇게 썼다. "공정하게 말해서, 천연두 박멸은 의학사에서 가장 위대한 업적이라 할 수 있다."

'올해의 순위'에 평범한 사람을 위한 보도는 없다

- 마이클 마멋, "건강의 사회적 결정 요인", 〈월드.마인즈 2014(WORLD.MINDS 2014)〉. (https://www.youtube.com/watch?v=h-2bf205upQ)
- 인간 사회의 '벨 곡선 그래프'와 관련된 내용은 다음을 참고했다. "오늘날 우리의 삶은 극단적인 경험으로 가득 채워져 있다. 매체들이 대중의 이목을 끌어 돈이 될 만한 극단적인 것들을 내보내기 때문이다. 이것이 핵심이다. 대다수의 사람들은 단조롭고 평범한 삶을 산다. 다시 말해 대부분이 전혀 예외적이지 않은, 지극히 평균적인 삶을 살아가는 것이다. 그러나 극단적인 정보의 홍수 속에서 우리는 예외적인 것을 새로운 기준으로 받아들이고 있다. 이로 인해 극히 평범한 우리 대다수는 불안과 절박함을 느낄 수밖에 없다." (마크 맨슨, 《신경 끄기의 기술》, 하퍼원, 2016, 58쪽.)
- 에픽테토스는 소크라테스나 석가모니, 그리고 예수처럼 단 한 권의 저서도

내지 않았다. "어떤 것들은 우리 마음대로 할 수 있고, 반대로 또 어떤 것들은 우리의 통제 밖에 있다." 이 문장이 적힌 《편람》은 그의 제자인 아리아노스가 스승 에픽테토스의 강의를 떠올리며 정리한 책이다.

제대로 된 저널리즘이 작동하지 않는다

- 내 짐작으론 우리가 접하는 뉴스 중에 새로운 것은 10퍼센트도 채 되지 않을 것이다. 퓨 리서치 센터가 오래전에 진행한 어느 연구에 따르면, 새로운 뉴스는 20퍼센트 정도라고 한다. 10년 전의 연구이니 그 사이 대략 10퍼센트는 줄었을 거라 본다. 오늘날 기자들이 하루 동안 생산해야 하는 기사는 10년 전보다 훨씬 더 많아졌기 때문이다. 그로 인해 기자들은 기사를 복사해서 재생산하기에 이르렀다. "볼티모어시에서 지역 뉴스를 생산하는 모든 지역 방송국을 대상으로, 일주일 동안 그들이 생산해낸 뉴스 및 한 주 동안 보도된 주요 기사 여섯 개를 면밀히 조사한 결과 시청자들이 '뉴스'라고 접한 것들의 상당수가 원본이 아니라는 사실이 밝혀졌다. 뉴스의 열에 여덟은 이전에 내보낸 정보를 단순히 반복하거나 재포장한 보도였다.", "뉴스는 어떻게 발생하는가: 미국 한 도시의 뉴스 생태계 연구How News Happens: A Study of the News Ecosystem of One American City", 2010. 1. 11. (https://www.journalism.org/2010/01/11/how-news-happens/)
- 커리어캐스트의 2015년 직업 평가. https://www.careercast.com/jobs-rated/jobs-rated-report-2015-ranking-top-200-jobs?page=9
- 커리어캐스트의 2018년 직업 평가. https://www.careercast.com/jobs-rated/2018-jobs-rated-report?page=10
- 커리어캐스트의 조사 방법론. https://www.careercast.com/jobs-rated/2018-methodology

- 세상에는 다른 작가에게 깊은 인상을 주는 작가들이 있다. 이들의 언어는 고도로 문학적이며 이야기의 구성은 빈약하여 판매고가 영에 가까울 정도이다. 이런 현상은 몇몇 기자들에게서도 나타난다. 문학적이고 구성은 떨어지는 글을 고수하는 기자들은 다른 기자를 위해 글을 쓴다. 이들에게는 글의 문체와 양식이 내용보다 중요하다. 이들은 사실보다 은유, 즉 메타포를 중시한다. 저널리즘의 상당 부분은 '자기 언급적'이다. "문학상의 세계(독일 내에서 저술에 수여하는 상은 250에서 500개가 이야기되고 있다)는 기자들에 의해 돌아간다. 기자들이 서로를 칭찬하며, 놀라운 글을 쓴 또 다른 기자들에게 상을 수여하는 식이다. 편집부의 권유로 기자가 직접 상에 응모하는 경우도 비일비재하다. 문학상이라는 세계는 대중에게 널리 알려져 있지 않다. 누가 지원하는지, 누가 심사하는지, 기준이 무엇인지 등은 관계자들만 알 뿐이다. 그래서 어쩌면 많은 기사들이 그저 동료, 특히 심사를 맡은 동료 기자들을 위해 쓰이는지도 모른다. 그런 글들을 진작에 감지한 독자도 있을지 모르겠다. 인터넷에 들어가 3시간 정도를 들여, 2018년 '독일 올해의 기자상'을 수상한 저술들을 냉정한 시선으로 살펴보자. 그러면 이 언론이라는 분야가 스스로를 치켜세우는 수준을 보며 차마 견디기 힘들지도 모른다." 수잔네 가슈케, "우리는 그저 남을 놀라게 할 만한 글을 쓴다: 렐로티우스 사태와 매체", 〈노이에 취르허 차이퉁〉, 2019. 1. 23. (https://www.nzz.ch/feuilleton/der-fall-relotius-und-die-medien-wir-schreiben-einfach-wundervoll-ld.1453300)
- 2018년 '올해의 기자상'에서 '최고의 탐사 보도'는 클라스 렐로티우스에게 돌아갔다. 다들 알다시피, 이후 렐로티우스는 그동안 내보낸 여러 기사가 날조였다는 사실이 드러나면서 독일 사회를 충격으로 몰아넣었다.
- 바닥으로의 경쟁에 관해선 다음의 글을 참고했다. "페이스북이 '뉴스' 피드 기능을 강화하자, 전 세계 언론은 포맷을 재조정해야 했다…. 기자들은 기사가

누락되는 것을 피하기 위해, 클릭을 유도하는 미끼 기사와 맥락에서 쉽게 발췌할 수 있는 형식의 기사를 만들어냈다." (재런 러니어, 《지금 당장 당신의 SNS 계정을 삭제해야 할 10가지 이유Ten Arguments For Deleting Your Social Media Accounts Right Now》, 헨리 홀트, 2018, 33쪽.)

- 언론사들은 생각을 근본적으로 바꿀 필요가 있다. 기자들은 글로 대가를 지불받는 대신, 조사와 탐사로 돈을 받아야 한다. 즉 탐사 저널리즘을 추구해야 하는 것이다. 사건 뒤에 놓인 복잡한 '발전기'를 찾아내고, 이를 해석하는 사고력 및 능력에 적절한 대가를 지불해야 한다. 언론사들은 광고를 통해 매상을 올리려는 생각에서 벗어나야 한다. 언론사가 광고에 매달리는 한, 기자들은 의식적이든 무의식적이든 계속해서 기사의 질보다 인기와 대중성을 우선시할 것이다. 그러면 기자들은 차트비트Chartbeat(뉴스 데이터 분석 회사), 조회 수, 클릭, 좋아요, 댓글, 공유 등등의 매트릭스에 얽매이게 된다. 요약하면, 광고가 뉴스의 내용을 재정적으로 지원하는 한 생산자와 소비자의 관심은 서로 반대 방향으로 향할 것이다. 양질의 뉴스는 구독으로 이어진다. 뉴스는 광고가 아닌 구독을 통해 수익을 얻어야 한다. 이를 '구독 비즈니스 모델'이라고 한다. 결론적으론 가능한 한 많은 사람이 뉴스 끊기를 결심해야 한다. 그래야 언론 시장이 보다 이성적인 방향으로 나아갈 수 있다. 그러면 장문의 기사, 장시간의 집중 보도가 활기를 띠며 번성할 것이다. 이는 기자, 소비자, 그리고 민주주의 모두에게 분명 이로울 것이다.
- 몇몇 국가는 이런 방향으로 나아가기 위해 다양한 운동을 시도하고 있다. 즉 곳곳에서 보다 길고 내용이 풍부한 뉴스 보도를 제작하려고 시도 중이다. 이들은 '느린 저널리즘'과 '건설적 저널리즘', 그리고 '해법 저널리즘'이라는 기치 아래 활발히 움직이고 있다. '느린 저널리즘'에 대한 구체적인 내용은 다음의 서적을 참고하길 바란다. 제니퍼 라우치, 《슬로 미디어Slow Media : Why

Slow is Satisfying, Sustainable, and Smart》, 옥스퍼드대학교, 2018. 피터 로퍼, 《슬로 뉴스Slow News: A Manifesto for the Critical News Consumer》, 오리건주립대학교, 2014. 조디 잭슨 또한 '건설적 저널리즘'을 선언하는 내용을 책에 담았다. 《당신이 읽는 것이 곧 당신이다》, 언바운드, 2019. 비슷한 논조로 뉴스 매체를 비평하되 앞에서 언급한 개념에서 벗어나 보다 자유로운 시선으로 매체를 다루는 책도 있다. 앨런 러스브리저, 《뉴스 속보》, 캐논게이트, 2018.

- 뉴스 산업으로 인한 첫 번째 죽음은 어느 뉴스 전령사의 희생으로 기록된다. 기원전 490년 그리스 마라톤에서 페르시아군의 공격을 물리치고 반격에 성공한 아테네군은, 승전보를 전하기 위해 전령사 페이디피데스를 아테네로 보냈다. 페이디피데스는 아테네군이 전투에서 승리했다는 기쁜 소식을 안고 마라톤에서 아테네까지 달렸다. 전설적인 달리기가 바로 여기에서 비롯되었다. 42킬로미터를 달려 아테네 시민들에게 승리의 소식을 전달한 페이디피데스는 그 자리에서 탈진하여 쓰러졌다. 너무도 허망한 죽음이 아닐 수 없다. 아무튼 그런 이유로 42킬로미터 달리기에 마라톤이라는 이름이 붙여졌다.

뉴스 조작의 배후와 300억 달러 규모의 PR 산업

- "우리의 중세 조상들은 그들에게 도착한 서면 정보를 뿌리 깊이 의심했다. 그들은 구두로 전달된 정보가 문자로 적힌 정보보다 확연히 믿을 만하다고 생각했다. 뉴스, 즉 새로운 소식은 그걸 전달하는 사람의 평판에 따라 신용을 얻었다. 따라서 믿음이 가는 친구나 확실한 전달자에 의해 구두로 전달된 뉴스가, 익명의 누군가가 글로 쓴 보고서보다 훨씬 더 신뢰를 얻었다." (앤드루 페트그리, 《뉴스의 발명》, 2쪽.)
- "미국에선 한 명의 기자당 네 명 이상의 홍보 전문가들이 붙는다. 홍보 전문가들은 고용주가 원하는 방향의 기사를 기자들이 쓰도록 부지런히 작업을

한다." (클레이 존슨, 《정보 다이어트The Information Diet: A Case for Conscious Consumption》, 오라일리 미디어, 2015, 40쪽.)

- PR 전문지 〈홈즈 리포트The Holmes Report〉에 의하면, 전 세계 PR 산업의 규모는 대략 150억 달러로 추정된다고 한다. (https://www.holmesreport.com/long-reads/article/global-pr-industry-now-worth-$15bn-as-growth-rebounds-to-7-in-2016)
- 그런데 영국의 PR 산업 규모만 해도 그에 맞먹는 수준이라는 평가 보고가 있다. (https://www.prca.org.uk/insights/about-pr-industry/value-and-size-pr-industry) 다시 말하면 전 세계적으로 PR 산업이 엄청난 규모로 뻗어 있다는 뜻이다.
- 다음의 통계를 보면 전 세계에서 PR 산업으로 올리는 수익이 조만간 200억 달러에 달할 거라 한다. (https://www.statista.com/topics/3521/public-relations/)
- 우리가 '역전'당했다는 사실은 피할 수 없는 현실이다. 인터넷상의 글, 클릭 수, 조회 수, 좋아요, 댓글 등등의 절반 이상이 가짜이기 때문이다. 이와 관련해선 맥스 리드의 글을 참고하길 바란다. "인터넷의 얼마만큼이 가짜일까? 실제로, 상당히 많은 부분이 가짜라고 밝혀졌다.", 〈뉴욕 매거진New York Magazine〉, 2018. 12. 26. (http://nymag.com/intelligencer/2018/12/how-much-of-the-internet-is-fake.html?utm_campaign=the_download.unpaid.engagement&utm_source=hs_email&utm_medium=email&utm_content=68743473&_hsenc=p2ANqtz-9m9e-hyCK70BQabYaze09mbT8_LWLyzTw4Db6tQnoMC18t4KzmxGAa2R-qSYqdyXWlTbUoMopW7N61P-puekgR-3ZFX64e_V1jhXQK1K-hhm5tnBiY&_hsmi=68743473)
- 양질의 신문들도 가짜 뉴스로부터 결코 자유롭지 않다는 건, 클라아스 렐로

티우스 사태를 통해 확연히 알 수 있다. 넘치도록 많은 상을 수상한 이 저널리스트는 수많은 이야기를 날조하여 기사로 냈다.

- "매일 신문을 읽는 당신은 진실을 읽는 것인가 아니면 프로파간다를 읽는 것인가?" 업튼 싱클레어의 이 말은 질 레포레의 기고문에 인용된 문장을 가져왔다. 질 레포레, "저널리즘에 미래는 있는가?Does Journalism have a Future?", 〈더 뉴요커〉, 2019. 1. 28. https://www.newyorker.com/magazine/2019/01/28/does-journalism-have-a-future
- '애드버토리얼'과 '네이티브 광고'도 바로 위의 기고문을 참고했다.
- 팩트 체킹Fact-checking(사실 검증)에 관해선 미국의 잡지 〈더 뉴요커〉가 유명하다. 〈더 뉴요커〉는 모든 팩트, 즉 사실들을 철저하게 검증한다. 잡지의 한 기사에서 엠파이어 스테이트 빌딩을 언급하면, '팩트 체킹 부서'에 속한 누군가는 바람을 쐴 겸 밖으로 나와 건물이 여전히 제자리에 있는지 직접 두 눈으로 확인한다고 한다. 물론 소문처럼 떠도는 이야기이긴 하지만, 여기에는 뭔가 중요한 의미가 담겨 있다. 즉 최고의 기자라 하더라도 실수나 잘못을 저지를 수 있다는 것이다. 요즘에는 다수의 언론 매체들이 사실을 검증하는 부서나 기자를 줄이는 추세다.
- 유발 하라리는 무료 뉴스에서 이루어지는 조작을 다음의 사고 실험을 통해 설명했다. "당신이 뉴스를 무료로 얻는다면, 당신은 상품이 되기 쉽다. 어딘가 의심스런 억만장자가 당신에게 이런 거래를 제안했다고 가정해보자. '매달 당신에게 30달러를 줄 테니, 그 대신 당신은 내가 매일 한 시간씩 당신을 세뇌할 수 있게 허용하면 된다. 내가 원하는 정치적 성향이나 상업적 편견을 당신의 머릿속에 심을 수 있도록 말이다.' 어떤가, 이 제안을 받아들이겠는가? 제정신이라면 그럴 가능성은 극히 낮다. 그러자 억만장자는 약간 다른 거래를 제안한다. '내가 당신을 매일 한 시간씩 세뇌할 수 있도록 허락하

면, 그 대신 이 서비스의 비용은 당신에게 부과하지 않겠다.' 말을 조금 바꾸자 갑자기 수억 명의 사람들이 솔깃해한다. 부디 이들의 사례를 따르지 않기를 바란다." (유발 하라리의 책을 발췌하여 작성한 기사 중 일부, "인간은 탈진실의 종이다Humans are a post-truth species", 〈가디언〉, 2018. 8. 5. https://www.theguardian.com/culture/2018/aug/05/yuval-noah-harari-extract-fake-news-sapiens-homo-deus)

- 조작과 선전은 오늘날과 같은 뉴스 과잉 시대 이전에도 중요한 주제였다. "처음으로 인쇄 서적들이 쏟아지기 시작한 초창기부터, 유럽의 지도자들은 시민에게 자신들의 관점을 주입하고 자신들의 정책을 설명하기 위해 상당한 노력을 들였다." (앤드루 페트그리, 《뉴스의 발명》, 킨들 버전, 6-7.)
- 요즘 우리는 러시아가 뉴스 보도에 영향력을 행사하는 현실에 개탄하지만, 이는 결코 새롭지 않다. 15세기에는 러시아처럼 일종의 선전을 하고 영향력을 행사하는 일이 예사였다. "프랑스 왕실은 여론을 조작하는 데 과도한 주의를 기울였다. 그 예를 여실히 보여주는 사건으로 부르고뉴 공작의 암살이 있다. 1419년 파리에서 부르고뉴 공작 장 1세가 암살당하자, 이를 두고 왕실을 지지하며 잉글랜드-부르고뉴 연합을 반대하는 수많은 글들이 쏟아졌다. 사실 죽음의 배후에는 왕태자 샤를 7세가 있었다. 당시에는 잉글랜드-부르고뉴 연합이 막강한 세력을 가지고 있었기에, 왕태자 샤를은 부르고뉴 공작 집안의 세력이 커지고 왕실에 대한 충성이 흔들리자 위기를 느꼈다. 그러므로 잉글랜드-부르고뉴 연합에 반하는 프랑스 세력의 우두머리는 장 1세의 살해자와 깊이 관련되어 있다고 볼 수 있다." (앤드루 페트그리, 《뉴스의 발명》, 킨들 버전, 35.)

헛소리를 걸러내는 필터 버블의 상실

- 미국의 철학자 대니얼 데닛은 훗날 스터전의 법칙을 보다 확장하여 해석했다. 스터전의 말대로 문학의 90퍼센트만 쓰레기가 아니라 학술 연구, 오페라, 창업, 셔츠 단추, 파워포인트 발표, 개 사료 상표, 전자레인지 구조 등등 모든 것의 90퍼센트가 쓰레기라고 말한 것이다. 대니얼 데닛의 원문을 인용하면 다음과 같다. "모든 것의 90퍼센트는 쓰레기다. 이는 사실이다. 물리학이든, 화학이든, 진화심리학이든, 사회학이든, 의학이든, 록 음악이든, 컨트리 음악이든, 무엇을 이야기하든 모든 것의 90퍼센트는 쓰레기가 맞다." https://en.wikipedia.org/wiki/Sturgeon%27s_law#cite_ref-5
- 토스터와 관계를 맺은 남자 이야기는 여기에서 확인할 수 있다. https://i.redd.it/ycddi529rlv11.jpg
- "누구나 내부에서 스스로 작동하는 자동 쓰레기 탐지기를 지녀야 한다.", "쿠바의 헤밍웨이Hemingway in Cuba", 〈디 애틀랜틱The Atlantic〉, 1956년 8월. (https://www.theatlantic.com/magazine/archive/1965/08/hemingway-in-cuba/399059/)
- 분노의 저널리즘에 관해선 마크 맨슨의 글을 참고했다. "현재 모든 사람들은 무언가에 화가 나 있다. 인종차별주의가 대학 수업 과목으로 개설되거나, 지역 쇼핑센터에서 크리스마스 나무 판매가 금지되거나, 국가 투자 기금을 위해 세금이 0.5퍼센트 상승하거나 하는 일들은 사실이든 아니든 어떤 식으로든 중압감을 느끼게 한다. 따라서 이런 사실들은 분노할 이유가 충분하며 일정 정도의 관심을 끈다. 현재의 미디어 환경은 이러한 반응들을 부추기면서 동시에 끊임없이 자극한다. 그 이유는 결국엔 사업적으로 유익하기 때문이다. 작가이자 미디어 전략가인 라이언 홀리데이는 이를 '분노 포르노'라 칭한다. 즉 매체들이 진짜 이야기와 진짜 이슈를 보도하는 대신, (이보다 찾기도 쉽

고 보다 많은 유익을 가져다주는) 뭔가 가벼운 분노를 유발하는 화젯거리를 찾아 이를 대중에게 널리 퍼트리며 분노를 발생시킨다는 것이다. 그런 다음 매체들은 아직 분노가 가닿지 않은 다른 사람들에게까지 이 분노를 널리 확산시킨다. 이는 허튼소리의 메아리가 가상의 두 면 사이를 왔다갔다 오가며 울리는 계기가 된다. 그러는 동안 모두의 관심은 실제 사회적 문제와 멀어지게 된다." (마크 맨슨, 《신경 끄기의 기술》, 111쪽.)

- "사회를 미치게 하는 방법으로 풍요로운 사회를 이룰 수는 없다." (재런 러니어, 《지금 당장 당신의 SNS 계정을 삭제해야 할 10가지 이유》, 99쪽.)
- "소셜 미디어 알고리즘은 지루한 진실보다 관심을 끄는 클릭 미끼를 우위에 놓으며, 허튼소리가 전 세계로 나아가도록 돕는다.", "양질의 저널리즘에 무엇이 중요한지를 정부가 결정해야 하는가Should the government determine what counts as quality journalism?", 〈이코노미스트〉, 2019. 2. 16. (https://www.economist.com/britain/2019/02/16/should-the-government-determine-what-counts-as-quality-journalism?frsc=dg%7Ce)

당신이 가진 '세계시민'이라는 환상

- 자원봉사자의 어리석음은 다음의 서적에서 자세히 다루었다. 롤프 도벨리, 《스마트한 선택들》, 61-64쪽.
- 행동 없는 연민은 비인간적이다. 세계 어디에선가 벌어진 재난 정보를 일일이 들여다보면 우리에게는 해당 재난에 대한 반감이 생긴다. 그러면서 우리는 연민이라는 환상에 푹 절여져 도취되고 만다. 날마다 비극적 참사를 접하며, 매일같이 연민을 바르고 또 바르게 된다. 그래서 누구에게 무슨 도움이 될까? 아무에게도, 아무런 도움도 되지 않는다. 나는 본인의 인생에 '관심'이 있는 사람들에게 아무 관심이 없다. 즉 나와 상관없는 이들에게 품는 연민,

동정심은 서로에게 도움이 되지 않는다. 동정심이 그저 단순한 동정심에서 머물면, 이는 무의미하다.

- 만약 당신이 지구 외에 수천의 다른 행성들의 모든 문명과 사건, 그리고 재앙에 관한 정보를 모두 접할 수 있다고 생각해보자. 그렇다면 당신은 이 소식들 또한 모조리 알고 싶은가? 그럼 당신의 경계는 어디까지인가? 10개의 문명까지만? 아니면 1만 개, 1천만 개?

"테러리즘은 뉴스 때문에 작동한다"

- 테러리즘에 관한 통계. https://ourworldindata.org/terrorism
- 테러 사망자와 다른 원인으로 인한 사망자를 비교한 수치는 위의 통계 자료에서 인용한 그래프를 참고했다. "전 세계 사망자의 여러 사망 원인-옥스팜."
- "2001년 9·11 이후, 테러범들은 매년 유럽연합에서 약 50명, 미국에서 10명, 중국에서 7명의 목숨을 앗아갔다. 그리고 지구촌 모두를 합하면 사망자는 2만 5천에 이른다(대다수는 이라크, 아프가니스탄, 파키스탄, 나이지리아, 그리고 시리아가 차지한다). 반면 매해 교통사고로 사망하는 유럽인은 대략 8만 명이며, 미국인은 4만, 중국인은 27만에 달한다. 전부 합하면 125만이다. 당뇨와 혈당으로 사망하는 이들은 연간 350만이며, 대기 오염으로 인한 사망자는 700만이다." (유발 하라리, 《21세기를 위한 21가지 제언》, 랜덤하우스, 킨들 버전, 2448-2453.)
- 독일의 연간 테러 사망자(연도: 사망자 수),
  2001 : 3 / 2002 : 0 / 2003 : 0 / 2004 : 1 / 2005 : 2 / 2006 : 2 / 2007 : 1 / 2008 : 0 / 2009 : 0 / 2010 : 0 / 2011 : 2 / 2012 : 0 / 2013 : 0 / 2014 : 0 / 2015 : 1 / 2016 : 27
- 독일의 교통사고 사망자 통계 자료.

https://de.statista.com/statistik/daten/studie/161724/umfrage/verkehrstote-in-deutschland-monatszahlen/

- 국가별 자살 사망률 통계 자료.
  https://de.wikipedia.org/wiki/Suizidrate_nach_Ländern
  https://ec.europa.eu/eurostat/web/products-eurostat-news/-/DDN-20170517-1
- "스탠퍼드대학교의 정치학 교수 마사 크렌쇼는, 테러리스트 집단들이 계산된 결정을 바탕으로 테러에 가담한다고 주장한다. 더 나아가 그는 테러리즘이 '이성적 행위자들이 신중하게 선택한 정치적 행동'이라 말한다. 여기에 더해 크렌쇼는 '테러리즘이 논리적 선택'이라 언급하며, '정부와 반정부 사이의 세력 차이가 클 때 이런 결정이 내려질 거라'는 주장을 제기한다." (https://ourworldindata.org/terrorism#terrorism-in-specific-countries-and-regions)
- "테러범들은 심리 조종의 대가다. 그들은 극히 소수의 사람을 살해하고도 수십억을 공포에 떨게 하며, 미국이나 유럽연합과 같은 거대한 정치체까지 뒤흔들 줄 안다." (유발 하라리, 《21세기를 위한 21가지 제언》, 킨들 버전, 2447-2448.)
- 위 인용문의 독일어 버전은 다음에서 확인할 수 있다.
  (유발 하라리, 《21세기를 위한 21가지 제언21 Lektionen für das 21.》, C. H. 벡, 야르훈데르트, 215쪽.)
- "테러라는 공연은 선전 없이는 성공할 수 없다. 불행히도 매체들은 이 공연을 너무나도 자주 무료로 선전해준다. 매체들은 테러 공격을 집요하게 보도하며 그 위험을 크게 부풀린다. 그 이유는 테러 관련 보도가 당뇨나 대기 오염에 관한 보도보다 확연히 더 많이 팔리기 때문이다." (유발 하라리, 《21세기를 위한 21가지 제언》, 킨들 버전, 2566-2569.)

- 위 인용문의 독일어 버전. (유발 하라리, 《21세기를 위한 21가지 제언》, C. H. 벡, 224쪽.)
- 2001년 9월 11일에 벌어진 테러 공격으로 3천 명이 사망했다. 앞서 예로 든 뭄바이 테러 사건처럼, 9·11 테러 또한 적어도 이보다 10배는 많은 사람들의 생이 뉴스 소비로 '허비'되었을 것이다. 더 심각한 것은, 매체들의 히스테리적인 보도로 인해 미국의 외교는 표류하게 되었다. (대표적인 예로 이라크와 아프가니스탄이 있다.) 이라크 전쟁으로 사망한 미군의 수는 4천 5백이며, 이라크의 사망자는 30만에서 120만에 달할 거라 추정된다. (https://en.wikipedia.org/wiki/Casualties_of_the_Iraq_War) 2001년 중국은 세계무역기구WTO에 가입하면서 세계 최고의 경제 대국인 미국을 능가할 수 있는 기회를 마련했다. 하지만 당시 미국은 아시아 경제를 관리하는 대신, 19명의 수염 난 테러리스트에 온 주의를 기울였다. 이 실책으로 미국은 쓴맛을 보아야 했다.

3부

1년 동안 '한 달'이 사라지고 있다

- 퓨 리서치 센터의 조사 결과에 의하면, 2010년 기준 미국인의 하루 평균 뉴스 소비 시간은 70분이라고 한다. 또한 뉴스 소비 시간은 해가 갈수록 늘어나는 경향을 보인다. 결과를 보면 70분 중에 텔레비전 뉴스는 32분을 차지하며, 라디오 뉴스는 15분, 신문 뉴스는 10분, 그리고 13분은 온라인 뉴스로 소비된다는 걸 알 수 있다. 교육 수준이 높을수록 뉴스 소비 시간도 증가하는데, 대학을 졸업한 응답자들은 하루에 무려 96분을 뉴스에 소비하는 것으로 밝혀졌다. 정리하면 평균적으로 하루에 60분가량이 순전히 뉴스를 접하느라 낭비되는 것이다. 이외에도 뉴스로 흐트러진 집중력을 되찾는 데 들어가는

시간과, 머릿속에서 사라지지 않고 내내 떠도는 뉴스 조각들로 잃어버린 시간 등을 계산하면 막대한 낭비가 아닐 수 없다. (https://www.people-press.org/2010/09/12/americans-spending-more-time-following-the-news/)

- 세네카의 문장은 영문 서적의 일부를 내가 독일어로 옮겼다. 영어 원문은 다음과 같다. "In guarding their fortune men are often closefisted, yet, when it comes to the matter of wasting time, in the case of the one thing in which it is right to be miserly, they show themselves most extravagant."《인생의 짧음에 관하여De Brevitate Vitae》, 데이미언 스티븐슨 옮김.

인간의 부정 편향과 스트레스

- 스트레스 반응과 관련된 예는 로버트 사폴스키, 루이스 크레이, 브루스 매큐언의 '글루코코르티코이드 과잉 이론'에 기초했다. 이론에 따르면 심리적 스트레스 요인은 시상하부의 아드레날린 분비를 유발한다. 한편 아드레날린은 코르티솔의 수치를 증가시킨다. 이는 두뇌의 능력(기억력과 의지력)이 약화되는 결과를 초래한다. 로버트 사폴스키, 루이스 크레이, 브루스 매큐언, "스트레스와 노화의 신경 내분비학: 글루코코르티코이드의 캐스케이드 효과 가설The neuroendocrinology of stress and aging: the glucocorticoid cascade hypothesis", 〈내분비학 리뷰Endocrine reviews〉, 1986, 284-301쪽.
- 부정 편향 자료 출처. https://en.wikipedia.org/wiki/Negativity_bias
- 설문조사에 의하면 뉴스 소비로 스트레스 증상을 호소하는 사람들의 상당수가 주로 온라인 뉴스를 통해 스트레스를 받는 것으로 밝혀졌다.
- "최근 발표된 '미국심리학회'의 조사를 보면, 다수의 미국인이 '뉴스 소비를 갈수록 부정적으로' 여긴다는 걸 알 수 있다. 조사 대상자의 절반 이상이 뉴

스로 인해 스트레스가 유발된다고 답했으며, 그로 인한 불안이나 피로감 또는 수면 부족을 호소하는 이들도 상당했다. 성인 10명 중에 한 명이 매 시간마다 뉴스를 확인하며, 미국인의 20퍼센트가 소셜 미디어 피드를 '끊임없이' 들여다본다는 사실이 조사에서 드러났다. 소셜 미디어 피드는 사용자가 좋아하든 말든 상관없이, 최신 뉴스의 머리기사를 계속해서 노출한다. 그레이엄 데이비는 오늘날의 뉴스가 '점점 더 충격적이며 시각적으로 더 요란한 경향으로' 변해가고 있다 말하면서, 스마트폰의 동영상과 오디오 클립도 예외가 아니라고 지적한다. 이처럼 방관자마냥 곁에 서서 자극적인 장면만 포착하는 매체들은 불면증, 감정 기복, 공격적 행동과 같은 급성 스트레스 증상을 심히 높일 수 있다. 더 나아가 외상후 스트레스 장애까지 불러일으킬 수 있다고 데이비는 말한다." (https://time.com/5125894/is-reading-news-bad-for-you/) "그레이엄 데이비의 몇몇 연구들은 부정적인 TV 뉴스가 개인의 감정 변화에 매우 중요한 영향을 미친다는 사실을 보여준다. 이때 생겨나는 감정은 슬픔과 불안인 경우가 많은데, '뉴스로 인한 이 같은 감정 변화는 뉴스 시청자의 개인적 걱정을 악화시킨다'고 한다. 개인의 걱정거리가 텔레비전에서 보도된 뉴스 기사와 직접적인 관련이 없더라도 시청자의 심리에 악영향을 미친다는 것이다." (위와 동일한 출처) 이와 관련된 연구 논문은 다음과 같다. 웬디 존스턴, 그레이엄 데이비, "부정적 TV 뉴스의 심리적 영향: 개인적 근심의 악화The psychological impact of negative TV news bulletins: The catastrophizing of personal worries", 〈영국심리학회지British Journal of Psychology〉, 88호, 1997, 85-91쪽. (https://onlinelibrary.wiley.com/doi/abs/10.1111/j.2044-8295.1997.tb02622.x)

추가로 논문의 초록을 덧붙인다. "본 연구는 텔레비전 뉴스 프로그램에 담긴 감정적 내용이 인간의 감정 상태와 개인적 근심에 가하는 악영향을 조사할 목적으로 진행되었다. 연구를 위해 실험 대상자를 세 그룹으로 나누어 각각 긍정적, 중립적, 부정적으로 편집된 14분짜리 텔레비전 뉴스를 시청하게 하였다. 부정적인 내용이 담긴 뉴스를 시청한 실험 참가자는 불안과 슬픔의 감정이 증대되었으며, 더불어 개인적 걱정과 근심이 악화되는 경향을 보였다. 연구 결과는, 부정적 분위기가 개인의 근심스런 사고를 조장하는 요소로 작용할 수 있다는 이론과 일치한다. 여기에 더해 부정적인 텔레비전 뉴스를 시청한 참가자들을 통해, 프로그램의 내용이 개인적 걱정거리와 특별히 관련이 없음에도 개인의 우려가 악화된다는 사실을 알 수 있다."

- 다음의 논문도 참고할 만하다. 다그마르 언츠, 프랭크 슈왑, 피터 빈터호프-슈푸르크, 'TV 뉴스-일상의 공포? 폭력적 텔레비전 뉴스가 감정에 미치는 영향TV News–The Daily Horror? Emotional Effects of Violent Television News', 〈미디어 심리학 저널Journal of Media Psychology〉, 20호, 141-155쪽. 다음의 주소에서 논문의 초록을 확인할 수 있다. (https://econtent.hogrefe.com/doi/10.1027/1864-1105.20.4.141)
- 이외에도 2001년 9·11 테러를 매체로 소비한 이들의 외상 후 스트레스 장애 증상을 연구한 논문도 있다. E. B. 블랜차드, E. 쿤, D. L. 로웰, E. J. 히클링, D. 위트록, R. L. 로저스, M. R. 존슨, D. C. 스테클러, "9·11 테러로 인한 대학생들의 대리 외상 연구: 근접, 노출 그리고 연결성 효과Studies of the vicarious traumatization of college students by the September 11th attacks: effects of proximity, exposure and connectedness', 〈행동 연구와 치료Behaviour Research and Therapy〉, 42권, 2호, 2004년 2월, 191쪽. (https://www.ncbi.nlm.nih.gov/pubmed/14975780)
- 스트레스로 의지가 떨어져 뭐든지 미루는 삶에 대해서는 다음의 책에서 보다 자세히 설명했다. 롤프 도벨리, 《스마트한 선택들》, 149쪽.

- 걱정을 스스로 통제하여 걱정 근심으로부터 자유로워지고 싶다면 다음을 참고해보자. 롤프 도벨리, 《불행 피하기 기술》, 피퍼, 2017, 283쪽.
- "수많은 연구가 보여주듯이, 정보의 증가는 정확도를 높이는 대신 과신을 높인다는 걸 알 수 있다. 예를 들어 폴 슬로빅은 한 연구에서, 경마 업자들에게 경주마의 특성에 관한 정보를 가능한 한 많이 모으도록 했다. 그렇게 모은 다량의 정보를 가지고 우승마를 예측해달라고 요청하며, 그 예측을 얼마나 자신하는지도 물었다. 그 결과 정보의 양과 예측의 정확도는 별다른 관계가 없는 반면, 정보의 양에 따라 자신감은 크게 증가했다. 추가로 정보가 주어질수록 경마 업자들은 점점 더 높은 자신감을 보였는데, 실제 이들의 예측 정확도는 결코 높아지지 않았다." (https://er.ethz.ch/teaching/Seven_Sins_fund_Management.pdf)

뛰어난 전문가 중 뉴스 중독자는 없다

- 나는 천체물리학, 세포생물학, 수학, 역사 등과 관련된 책들을 읽으며 일종의 사치를 누린다. 내 삶이나 내 직업에서 더 나은 결정을 내리도록 도와주는 분야가 아니더라도 찾아 읽는 것이다. 내가 뉴스를 거부한 기준을 그대로 적용하면, 사실 독서도 거부해야 한다. 위에서 언급한 책들을 포함해서 말이다. 이 같은 반론은 어느 정도 일리가 있다. 실제로 대부분의 책들은 '좁은 의미에서' 우리의 삶과 관계가 없으며 중요하지도 않다. 여기에서 '좁은 의미'란, 우리 인생에 보다 나은 결정을 내리는 데 도움을 주는지 여부를 말한다. 다시 말해 책은 '좁은 의미에서' 우리와 연관성이 낮다. 하지만 '넓은 의미에서' 보면 책은 중요성과 연관성을 지닌다. 무슨 뜻인가 하면, 아마도 당신은 책을 통해 세상을 보다 깊이 이해하게 된 경험이 있을 것이다. 그렇지만 뉴스를 통해서는 그런 경지에 다다를 수가 없다. 기껏해야 뉴스는 마치 당신이 '세상을

다 아는 것 같은' 환상을 제공한다. 이와 달리 책은 정말로 세상을 이해할 수 있게 해준다. 독서에 있어선 다루는 내용에 제한을 두지 말고 연극, 음악, 미술 등 모든 종류의 책을 섭렵해도 좋다. 베토벤도 고흐도 셰익스피어도, 당신이 삶이나 직업에서 더 나은 결정을 내리도록 도움을 주지는 않는다. 그러나 독서 분야를 확장함으로써 당신은 세상을 한층 깊이 파악하게 되며, (음악이나 미술 같은 예술 장르가 아니면 접하기 힘든) 낯선 어휘와 표현들을 다루면서 당신만의 세계를 한결 넓히게 된다. 조금 다른 식으로 이야기하면, 본질과 비본질 사이에는 차이가 있으며 알맹이가 있는 것과 실체가 없는 것 사이에는 분명 차이가 있다.

- 엘레나 홀로드니, "아이작 뉴턴은 천재였지만, 그도 주식시장에서는 엄청나게 잃었다Isaac Newton was a genius, but even he lost millions in the stock market", 〈비즈니스 인사이더〉, 2017. 11. 10.(https://www.businessinsider.com/isaac-newton-lost-a-fortune-on-englands-hottest-stock-2016-1)
- '승자 독식의 법칙'은 다음의 책에서 보다 상세히 다루었다. 롤프 도벨리, 《불행 피하기 기술》, 281쪽.
- 기업 경영자들은 외부에서 자신의 회사에 대해 어떻게 쓰는지 자세한 정보를 얻으려 한다. 그래서 해당 기업 관련 기사만 따로 모아 제공하는 전문 서비스도 있다. 만약 무료로 그런 서비스를 제공받고 싶다면 구글 알리미를 사용하면 된다. 당신에게 필요한 정보만 검색해서 주기별로 제공하기 때문에, 구글 알리미를 잘만 활용하면 '뉴스 뷔페' 속을 힘겹게 헤맬 필요가 없다.

소셜 미디어는 당신이 원하는 정보를 제공한다

- 확증 편향과 관련된 내용은 다음의 책에서 좀 더 구체적으로 언급했다. 롤프 도벨리, 《스마트한 생각들》, 29-36쪽.

가용성 편향

- 가용성 편향은 다음에서 상세히 다루었다. 롤프 도벨리, 《스마트한 생각들》, 45-48쪽.
- 가용성 편향과 관련하여 또 다른 예가 하나 있다. 독일어에서 R로 시작되는 단어가 더 많을까, 아니면 R로 끝나는 단어가 더 많을까? 답은 후자다. R로 끝나는 단어가 R로 시작되는 단어보다 배 이상으로 많다. 하지만 대부분의 사람들은 답을 알아맞히지 못한다. 왜 그럴까? 보통은 R로 시작하는 단어가 보다 빠르게 떠오르기 때문이다. 다른 식으로 표현하면, R로 시작하는 단어는 손에 쉽게 닿아 가용성이 더 높은 것이다.
- 스위스 정부와 정치인에 대한 이야기에 첨언을 하면, 다른 나라들도 사정은 크게 다르지 않다고 한다. "정치인들은 학술 서적을 읽지 않는다. 그들은 클릭 미끼를 읽는다." 미국의 공학 교수 재커리 립턴은 이렇게 말한 바 있다.
- 다음은 〈MIT 테크놀로지 리뷰〉에 인용된 재커리 립턴의 말이다. "립턴은 '정책 결정자들이 과학 서적을 비롯하여 학술 서적을 읽지 않는다'고 경고하며, '하지만 그들은 인터넷에 떠도는 클릭 미끼는 꼭 읽는다'고 언급했다. 그의 말에 의하면 미디어 비즈니스 또한 이 같은 현상의 공범이다. 진짜 기사와 광고가 담긴 쓸데없는 글을 제대로 분류하는 작업을 충분히 하지 않기 때문이다." 마틴 길스, "인공 지능은 과장되어 있다-그것이 위험한 이유가 여기에 있다", 〈MIT 테크놀로지 리뷰〉, 2018. 9. 13.(https://www.technologyreview.com/s/612072/artificial-intelligence-is-often-overhypedand-heres-why-thats-dangerous/)
- 비행기 조종실에 방탄 장치를 설치하여 9·11 테러를 막는 이야기는 나심 탈레브의 책을 참고했다. 나심 탈레브, 《블랙 스완》, 킨들 버전, 1795.
- "항공 관련 예를 통해 한번 생각해보자. 비행기 추락 사고는 점차 줄어들어

굉장히 드물게 일어나고 있다. 2017년에는 한 해 동안 40억 명의 승객을 운송했음에도, 항공기 추락 사고가 단 한 건도 기록되지 않았다. 그럼에도 항공기 관련 사고는 예전보다 훨씬 많이 보도된다. 그로 인해 수많은 사람이 여전히 비행을 위험하다고 여긴다." 매트 리들리, "세상을 장밋빛으로 보던 시대는 지났다. 하지만 그렇다고 세상을 항상 비관적으로 볼 이유는 없다", 〈노이에 취르허 차이퉁〉, 2019. 2. 26. (https://www.nzz.ch/feuilleton/pessimismus-es-ist-alles-viel-besser-als-wir-denken-ld.1460194)

- 기자들이 '예방하는 것'을 '존재하지 않는 것'으로 그리고 '부재하는 것'을 '중요하지 않은 것'으로 치환하여 혼동을 초래하는 일에 대해, 조디 잭슨은 건설적 저널리즘 및 해법 저널리즘이 필요하다고 강조했다. 조디 잭슨, 《당신이 읽는 것이 곧 당신이다》, 언바운드, 2019.

유전자 변형 식품과 인공지능에 대한 당신의 견해

- 의견의 화산에 대해선 다음의 책에서 좀 더 자세히 다루었다. 롤프 도벨리, 《불행 피하기 기술》, 189-193쪽.
- 미국의 유명 블로거 셰인 패리시는 이런 말을 했다. "우리는 침묵을 두려워한다. 우리는 고유의 생각이 홀로 남겨질까 두려워한다. 그래서 카페나 마트의 계산대에서 줄을 서 기다릴 때에도 재빨리 휴대전화를 꺼낸다. 우리는 스스로에게 깊고 의미 있는 질문을 하는 걸 두려워한다. 우리는 지루함을 두려워한다. 이러한 두려움을 피하기 위해 우리는 무의미한 정보들을 소비하며, 말 그대로 미쳐가고 있다." 셰인 패리시, "당신이 오늘 읽으려는 것의 대부분은 무의미하다" (https://medium.com/@farnamstreet/most-of-what-youre-going-to-read-today-is-pointless-4b774acff368)
- "너는 언제나 선택하지 않을 선택권을 가지고 있다. 네가 통제할 수 없는 것

들로 인해 괴로워하거나 너의 영혼을 곤경에 빠트릴 필요는 전혀 없다. 그것들은 너의 판단을 필요로 하지 않는다. 그것들을 그대로 내버려두어라." (마르쿠스 아우렐리우스, 《명상록》, 피셔, 6권, 52절.)

- 우리가 알 수 없는 것들은 예측과 예언의 영역에 속한다. "2년 안에 북한의 정권 교체가 이루어질 것이다." "아르헨티나의 와인이 조만간 프랑스산보다 인기를 얻을 것이다." "유로존은 곧 무너질 것이다." "10년 안에 누구나 우주 공간을 유영할 것이다." "15년 내로 원유는 고갈될 것이다." "10년 안에 독일 도로 위의 90퍼센트는 자율 주행 자동차로 채워질 것이다." "일본은 세계 최초로 평균 기대 수명이 백 살인 나라가 될 것이다." 뉴스 매체들은 날마다 이런 예측 보도를 퍼붓는다. 여기에는 2가지 문제가 있다. 첫 번째로 대부분의 예측은 당신의 능력 범위 밖에 있으며, 따라서 당신과는 무관하다. 아르헨티나의 와인이 머지않아 프랑스 와인의 인기를 넘어서든 말든, 당신과는 상관이 없다. 혹여나 당신이 와인 수입업자거나 소믈리에가 아니라면 말이다. 만약 당신이 관련 업계 종사자라 하더라도 구독하는 전문 잡지가 따로 있을 것이다. 그런 전문지들은 일반적인 뉴스 매체보다 해당 주제를 철저하게 조사하여 내용이 알찬 기사를 실을 것이 분명하다. 혹시나 당신이 정말 소믈리에나 와인 수입업자이고 우연히도 이 예측이 정확하다 하더라도, 와인 취향의 변화는 어차피 당신에게 영향을 미치지 않을 것이다. 워런 버핏은 이를 멋지게 표현했다. "비를 예측하는 것은 중요하지 않다. 하지만 방주를 짓는 것은 중요하다." 그럼에도 우리는 이상하게도 예측에 쉽게 사로잡힌다. 왜 그럴까? 그건 나도 모르겠다. 예언이나 예측이 인간의 심리에 어떤 작용을 일으키는지 나는 잘 모른다. 그저 나는 스스로 예측에 휘둘리지 않으려 노력할 뿐이다. 예측은 결코 중요하지 않고 단지 부차적이며, 나의 주의를 빼앗아 간다고 생각하면서 늘 경계한다. 나는 뉴스를 끊음으로써 바로 이런 위험을 모면할

수 있게 되었다. 영향력 있는 매체들은 클릭 수를 사냥하여 유익을 얻으려는 목적으로, (증명되지 않은) 미래에 대한 확신을 큰소리로 떠벌린다. 그로 인해 예측의 '인플레이션' 현상이 일어나는 것이다. 쏟아지는 예측 보도가 가진 두 번째 문제는 신뢰도이다. 매체가 내놓는 예측은 얼마나 확실하고 믿을 만할까? 최근 수년 동안 예측의 질을 점검하는 데 노력을 들인 사람은 거의 없었다. 그러다 필립 테틀록이 등장했다. 펜실베이니아대학교의 교수 테틀록은 10년이라는 기간 동안 각계각층의 전문가들이 내놓은 2만 8천 가지에 달하는 예측을 일일이 분석했다. 그 결과는 어땠을까? 전문가들의 예측은 주사위를 던져 찍어도 될 만큼 정확도가 떨어졌다. 이는 전문가들에 대한 예지의 환상을 보여준다. 잘못된 예측을 내놓는 전문가들은 주로 매체의 주목을 한껏 받는 인물들이며, 예측이 잘못되어도 그에 대한 대가를 치르지 않는다. 이에 대해 테틀록은 다음과 같이 말한다. "유명한 정도와 예측의 질은 오히려 반비례 관계를 보인다. 매체에 자주 출연하는 유명 전문가일수록 예측 적중률은 떨어진다." 뉴스 기자들은 유독 잘못된 예측을 내보내는 경향이 있다. 그 이유는 아무도 모른다. 아무튼 우리는 이를 통해, 뉴스 소비를 거부해야 하는 경고 신호를 하나 더 추가한 셈이다.

- 예지의 환상에 대한 자세한 내용은 다음을 참고하길 바란다. 롤프 도벨리, 《스마트한 생각들》, 165-168쪽.
- 필립 테틀록의 예측 분석 결과 및 평가는 펜실베이니아대학교의 테틀록 사이트에서 확인할 수 있다. https://www.sas.upenn.edu/tetlock/publications

노벨 경제학상 수상자의 이야기–정보 과부하의 위험성

- 니콜라스 카의 기고문은 다음을 참고했다. "웹은 주의를 분산시키며, 두뇌의 회로를 재배치한다", 〈와이어드〉, 2010년 5월.

- "앨빈 토플러는 30년도 전에 처음으로 초기 경보를 울렸다. 선구적인 서적 《미래의 충격》(랜덤하우스, 1971)에서, 토플러는 인간의 두뇌가 정보를 흡수하고 처리하는 데 어느 정도 한계가 있다는 이론을 내세웠다. 그 한계를 초과하면 두뇌는 과부하에 걸려 사고와 추리가 둔해지며 잘못된 결정을 내리고 어떤 경우에는 결정을 내리지도 못하게 된다는 것이다. 심한 경우, 정보의 과부하는 결국 신체적, 정신적 장애로 이어질 수 있다고 토플러는 암시했다. 그는 이런 현상을 '미래 충격 증상'이라 칭했다." 윌리엄 라이넛, "저녁 뉴스는 당신의 건강에 해롭지 않을까?", 〈엘크스 매거진〉, 2003년 4월. (http://www.blynott.com/info_overload.html)

뉴스의 중독은 읽기 능력을 떨어뜨린다

- 100조billionen 개의 시냅스에서 billion(독일어로 조, 영어로 십억)은 독일식 숫자 표현으로, 영어로는 trillion(조)을 뜻한다.
- 런던 택시 기사에 관해선 다음의 논문을 참고했다. 엘리노어 맥과이어, 캐서린 울레트, 휴고 스피어스, "런던 택시 운전기사와 버스 운전기사: MRI를 통한 두뇌의 구조적·신경심리학적 분석", 〈해마〉, 2006, 16(12), 1091-1101쪽. https://onlinelibrary.wiley.com/doi/abs/10.1002/hipo.20233
- "이들과 유사한 두뇌 가소성은 음악가, 곡예사, 그리고 2개 국어 이상을 구사하는 집단에서 발견되었다. 이들 집단처럼 학습 및 연습에 많은 시간을 보내며 전문 분야에 몸담은 사람들과 회백질 사이에는 긴밀한 상관관계가 있음이 확인되었다. 전문 음악가들의 경우 연습과 연주에 보다 많은 시간을 보낼수록 운동 및 청각을 담당하는 피질 부위의 회백질 양이 훨씬 더 많이 증가했으며, 이는 어린 시절부터 2개 국어를 구사한 사람의 초기 두정엽 피질에서 나타나는 현상과 동일하다." (위와 같은 출처)

- 택시 기사들의 '기하학 무늬 인지 능력' 평가는 '레이-오스테리스 복합 도형 검사Rey-Osterrieth complex figure'로 진행되었다. https://de.wikipedia.org/wiki/Rey-Osterrieth_Complex_Figure_Test
- 켑-키 로, 가나이 료타, "고도의 멀티태스킹 활동은 전측 대상피질의 낮은 회백질 밀도와 관련이 있다", 〈플로스 원〉, 2014. https://doi.org/10.1371/journal.pone.0106698
- 전측 대상피질 관련 자료. https://en.wikipedia.org/wiki/Anterior_cingulate_cortex

학습된 무기력

- 학습된 무기력에 관한 쥐 실험은 스티븐 마이어의 강연 영상을 참고했다. "스트레스, 대처, 회복탄력성, 그리고 전전두엽" (https://www.youtube.com/watch?v=0EhbTSWZbMg&frags=pl%2Cwn)
- "우리가 뉴스에 채널을 맞추면 해결되지 않는 문제들을 끊임없이 마주하게 된다. 또한 뉴스는 그 문제들이 언젠가 풀릴 거라는 희망을 주지 않는다." (조디 잭슨, 《당신이 읽는 것이 곧 당신이다》, 65쪽.)
- 에픽테토스는 소크라테스나 석가모니, 그리고 예수처럼 단 한 권의 저서도 내지 않았다. "어떤 것들은 우리 마음대로 할 수 있고, 반대로 어떤 것들은 우리의 통제 밖에 있다." 이 문장이 적힌 《편람》은 그의 제자인 아리아노스가 스승 에픽테토스의 강의를 떠올리며 정리한 책이다.

창의적인 아이디어는 뉴스와 무관하다

- 나만의 독창적인 생각을 가지는 일은 어렵다. 이에 관한 글이 하나 있다. "나는 내 머릿속에서 떠오르는 첫 번째 생각이 절대 최고의 생각이 아니라는 걸

스스로 깨달았다. 내 첫 번째 생각은 언제나 다른 누군가의 것이다. 관련 주제에 대해 이미 어디선가 들었거나, 판에 박힌 지혜인 경우가 대부분이다. 나만의 고유의 생각이 떠오르는 경지에 이르려면 집중하고, 질문에 매달리며, 인내심을 가지면서, 내 마음의 모든 부분이 사고 활동에 합류하도록 노력하는 수밖에 없다. 나의 두뇌가 연상을 하고 연결 고리를 그리면서 나를 놀라게 만들 기회를 주는 것이다. 이런 과정을 통해 생겨난 생각은 그리 훌륭하지 않을 수도 있다. 그래도 상관없다. 여기에 더해 우리는 또 다른 시간이 필요하다. 실수를 하고 그걸 인지하며, 잘못된 시작을 하고 그걸 고치며, 충동을 견디고, 이미 끝난 일을 밝히려는 나의 욕망을 굴복시키고, 그러고 나서 다음 일로 넘어가는 등의 사고 과정을 위해 충분한 시간을 가져야 하는 것이다…. 페이스북과 트위터, 그리고 심지어 〈뉴욕 타임스〉에는 또 다른 문제가 있다. 이런 매체에 당신을 노출시키면, 특히나 사람들이 지금 무엇을 하나 지속적으로 관심을 가지면, 나이가 많든 적든 당신은 다른 사람들의 생각의 흐름에 스스로를 끊임없이 내몰게 된다. 그러면 당신은 진부한 지혜에 절여진다. 다른 사람들의 현실은 그들의 것이지 당신의 것이 아니다. 당신만의 목소리를 들을 수 없는 곳에서 당신은 불협화음을 만들게 된다." 윌리엄 데레저위츠, "고독과 리더십. 다른 사람들이 당신을 따르길 원한다면, 고독 속에서 홀로 생각하는 법을 배우자", 〈아메리칸 스콜라〉, 2010. 3. 1. (https://theamericanscholar.org/solitude-and-leadership/#.XVYdA-gzZPZ)

- "때때로 뉴스는 참담한 경제 상황이 공산주의, 테러 때문이라는 식으로 확언하며 그리 놀라지도 않는다. 그리고 다들 천천히 알게 될 것이다. 전혀 새로울 게 없다는 것을." (막스 프리슈, 《일기 1966-1971》, 주르캄프, 킨들 버전, 314.)

그럼에도 뉴스를 끊을 수 없는 이유

- 오래된 신문을 읽어보라는 제안은 나심 탈레브의 책을 참고했다. "신문에서 완전히 벗어나려면 지난주 신문을 읽는 데 1년을 보내보자." 나심 탈레브, 《프로크루스테스의 침대The Bed of Procrustes》, 28쪽.
- 이 책의 출간 예정일인 2019년 9월 3일의 25년 전인 1994년 9월 3일 독일의 〈타게스샤우〉 방송 자료는 다음 사이트에서 찾아볼 수 있다. https://www.tagesschau.de/multimedia/video/video-19029.html
- 2011년 〈더 뉴요커〉에 실린 인상적인 풍자만화 한 컷이 있는데, 그 장면은 다음과 같다. 한 남성이 레스토랑에 앉아 메뉴를 들여다보고 있다. 그리고 그 옆에는 갑자기 착륙한 듯 보이는 미확인 비행 물체UFO가 있다. 우주 비행사로 추정되는 한 남성이 힘차게 비행기 캡슐에서 내리며 외친다. "나는 미래에서 온 너야. 그 가리비 요리 주문하지 말라고 경고하려고 다시 돌아온 거야. 그 소스가 조금 많이 '크리미'하거든." 2011년 10월 17일 〈더 뉴요커〉에 올라온 재커리 카닌의 만화 원본은 다음에서 확인할 수 있다. https://www.newyorker.com/magazine/2011/10/17

뉴스와 단절되면 민주주의는 파괴될까?

- 스위스에서 투표 전 주민들에게 우송하는 '안내 책자' 또한 의견 조작으로부터 그리 자유롭지 않다. 정부에서 가장 강력한 대표 정당이 공식 안내 책자의 형식에 제일 큰 영향력을 행사할 수 있기 때문이다. 그럼에도 다행히, 반대쪽에 선 주요 관계자들이 이에 반론을 제기할 기회가 있다. 자신들의 견해가 비교적 짧게 실리면 이들은 비율을 조정하기 위해 애쓴다. 여기에서 제일 중요한 부분은 당연히 개정하려는 법조문이다. 안내 책자에는 개정안의 문구가

한 자 한 자 또박또박 찍혀 있다. 아무리 문구가 크고 선명해도 법조문은 내용을 이해하기가 쉽지 않다. 그래서 나는 스스로 이렇게 말한다. 내가 이 개정안을 이해하지 못하면, 그 어떤 기자도 이해하지 못할 거라고.

- 2018년 스위스에서는 폴겔트Vollgeld/Sovereign Money Initiative 발의안을 두고 국민투표를 실시했다. 폴겔트는 주권통화제로, 쉽게 말해 은행들의 대출 확대를 어렵게 하는 제도다. 나는 이 발의안에서 그 어떤 의견도 가질 수 없었다. 이 안건이 어떤 효과를 가져올지, 그 효과의 효과가 과연 무엇일지를 도무지 짐작할 수 없었기 때문이다. 이처럼 불확실한 경우에 나는 현재 상태가 어느 정도 잘 돌아간다고 판단되면 새로운 안건에 찬성하는 대신 현 상태 유지 쪽에 표를 던진다.
- 민주주의의 초석을 다진 가장 중요한 인물 중 하나인 벤저민 프랭클린은 토론 클럽을 결성하여 이끈 바 있다. "1727년 21살이던 벤저민 프랭클린은 몇몇 친구들과 함께 준토라는 이름의 독서 토론 클럽을 만들었다. 모임의 구성원들은 각각 행정사, 인쇄공, 가구공, 그리고 구두 수선공 등이었다. 그들은 금요일 저녁마다 필라델피아에 있는 선술집에서 만나 토론을 벌였다. '내가 정한 규칙에 따라 모든 회원들은 자기 순서가 되면 도덕, 정치 또는 철학에 관한 한두 가지의 질문거리를 준비해 와야 했다. 그러면 회원들은 그 질문을 놓고 토론을 벌였다.' 자서전에서 프랭클린은 이렇게 적었다. 당시의 미국은 온전한 미국이 아니었다. 그럼에도 그는 일찍이 시민사회의 문제를 깨달았다. 그의 해결책은 조직적이고 대중적인 잡담이었다. 그의 토론 모임은 '다투려 하거나 이기려는 마음 없이, 진실을 탐구하려는 신실한 마음'을 바탕으로 운영되었다." (앤드루 마란츠, "벤저민 프랭클린은 대화방을 창안했다", 〈더 뉴요커〉, 2018. 4. 9, 18쪽.)
- 세계 최초로 국회 활동이 생겨난 시기는 중세다. 중세 아이슬란드에서 처음

으로 국회가 열렸고, 세계에서 가장 오래된 이 국회는 오늘날에도 건재하다. 1천 년 전부터 국회는 뉴스 속보의 홍수 없이도 제 기능을 했다.

제2의 워터게이트 특종을 위해

- 켄터키대학교의 지역 저널리즘 연구소장 알 크로스는 탐사 저널리즘의 필요성을 두고 다음과 같이 언급했다. "2004년부터 미국에서는 신문의 5분의 1이 줄었다. 미디어 전문가들은 '뉴스의 불모지' 또는 자체 발행 신문이 하나도 없는 지역들을 우려한다. 소수의 기자라도 지방 의회 회의에 나타나야 지역 정치인들이 긴장하며 제 역할을 착실히 할 수 있다." ("미국 지방 도시의 지역 신문들이 놀랍도록 생기를 되찾고 있다", 〈이코노미스트〉, https://www.economist.com/news/united-states/21744876-reports-their-death-have-been-greatly-exaggerated-small-town-american-newspapers-are?-frsc=dg%7Ce)
- 워터게이트 기사는 9천에서 1만 6천 자에 달할 만큼 장문이었다. https://www.washingtonpost.com/wp-srv/national/longterm/watergate/articles/101072-1.htm?noredirect=on
- 학술 분야에도 탐사 저널리즘과 유사한 과정이 있다. 다만 뉴스가 아니라 다른 형식으로 표출될 뿐이다. 학자들은 '논문'을 집필하여 엄선된 학술지에 보낸다. 학술지에 제출된 논문은 다른 학자들의 평가를 거친다. 학자들은 동료 학자의 논문을 비평하고 부족한 부분을 추가하거나 수정할 뿐 아니라, 논문에 실린 실험을 직접 수행하기도 한다. 논문이 의심의 여지없이 훌륭하다 여겨지면, 보통은 세 달에서 여섯 달 후에 학술지에 발표된다. 이처럼 길고 복잡하며 철저한 과정을 거쳐도 새로운 학술적 발견이 중단되는 일은 없다. 그러므로 탐사 저널리즘이 제대로 작동하지 못할 이유는 없다.

- 뉴스 기자들이 받는 부담감은 미디어 기업 AOL의 사례에서 여실히 드러난다. "모든 편집부 기자들은 하루에 다섯에서 열 개의 기사를 써야만 한다. 각 기사는 평균 84달러의 가치가 있으며, 이는 (광고를 통해 얻는) 매상 총 수익의 50퍼센트에 해당된다." (클레이 존슨, 《정보 다이어트》, 35쪽.)
- 어쩌면 탐사 보도는 내리막길로 접어들지 모른다. "언론사들, 특히 비용이 많이 드는 탐사 보도를 지원하는 기업들은 거대 IT 기업들의 '공격'에 맞서서 민첩하게 새로운 사업 전략을 생각해내야 한다는 말을 지난 20년 동안 들었다. 하지만 그 누구도 실효성 있는 조언을 제시하지 않았다." (재런 러니어, 《지금 당장 당신의 SNS 계정을 삭제해야 할 10가지 이유》, 68쪽.)
- "경제학자이자 저널리스트인 프랜시스 케언크로스는 공공의 이익에 중점을 둔 저널리즘은 시장에 충분히 공급되지 않기 때문에, 정부 차원에서 세금 우대나 직접적인 재정 지원을 통해 뒷받침해주어야 한다고 주장한다. 특히 다음 2가지 유형의 저널리즘이 지원받을 만한 가치가 있다고 말한다. 하나는 권력의 부패와 남용을 파헤치는 탐사 관련 언론이다. 높은 가치와 명성에도 불구하고, 이 작업은 비용이 많이 들어가며 육체적, 정신적으로 고되다. 따라서 상업적 시선에서 보면 가치가 없다. 다른 하나는, 지역 의회 회의와 지역 공판 등을 상세히 기록하여 보도하는 지역 신문이다. 지역 신문은 입소문을 타서 퍼지기 때문에, 지방 권력을 감시하는 역할을 맡는다." 〈이코노미스트〉, 2019. 2. 16. (https://www.economist.com/britain/2019/02/16/should-the-government-determine-what-counts-as-quality-journalism?-frsc=dg%7Ce)

뉴스의 미래

- 세 번째 경향은 다음을 참고했다. "어떻게 보면 우리는, 행동주의 학자들의

실험실 우리에 갇힌 동물들과 비슷한 처지라 할 수 있다." (재런 러니어, 《지금 당장 당신의 SNS 계정을 삭제해야 할 10가지 이유》, 11쪽.)

- 인공지능 프로그램으로 작성된 가짜 뉴스는 다음의 기고문을 참고했다. "원래 개발자들은 일반적인 목적으로 언어 알고리즘을 개발하기 시작했다. 인터넷에 있는 방대한 양의 텍스트를 가지고, 글을 번역하고 질문에 답하며 다른 유용한 업무를 실행할 수 있도록 훈련시킨 것이다. 하지만 개발자들은 이내 커다란 고민에 빠졌다. 언어 알고리즘의 남용 가능성이 너무도 높기 때문이다. '알고리즘 훈련을 시작한 지 얼마 되지 않아, 우리는 이 알고리즘이 악의적인 내용의 글을 꽤나 쉽게 생산할 가능성이 있다는 걸 알게 되었다.' 오픈 AI의 정책 실장 잭 클라크의 말이다. 클라크는 언어 알고리즘 프로그램을 통해, 인공지능이 설득력 있는 가짜 뉴스나 소셜 미디어 게시물 또는 그 외에 다른 온라인 문서들을 자동으로 생산하는 데 얼마든지 사용될 수 있음을 알 수 있다고 말한다. 이런 도구는 기후변화를 부정하는 뉴스 기사를 만들어내거나, 선거 기간 중에 불미스러운 일을 폭로하여 퍼트리는 데 이용될 수 있다. 가짜 뉴스는 이미 문제가 되고 있다. 그러나 만약 자동화되어 돌아간다면 거부하기가 더욱 어려워질 것이다. 어쩌면 인공지능은 인구 통계에 최적화되어, 심지어 각 개인에게 가장 적합한 가짜 뉴스를 생산할지도 모른다. 클라크는 의심의 여지없이 확실해 보이는 가짜 기사나 유령 트윗 또는 사기성 댓글 등을 인공지능이 제작할 날이 그리 멀지 않았으며, 그렇게 생산된 글들은 보다 높은 신빙성을 가지게 될 거라 이야기한다. '이런 기술은 분명 머지않아 완성 단계에 이를 것이다. 나는 1년에서 2년 내로 가능하다고 본다. 그러면 허위 정보나 선전에 사용될지도 모른다.' 클라크는 이렇게 경고한다." 윌 나이트, "설득력 있는 글을 작성하는 인공지능은 가짜 뉴스의 대량 생산이라는 위험을 초래한다", 〈MIT 테크놀로지 리뷰〉, 2019. 2. 14.(https://www.technologyreview.com/s/612960/an-ai-tool-auto-generates-fake-news-bogus-tweets-and-plenty-of-gibberish/)

뉴스 종말의 시대가 다가온다

- 뉴스를 끊은 당신에게 돌아오는 첫 번째 질문은 항상 이런 식일 것이다. "뉴스를 소비하지 않으면 어떻게 정보를 얻지?" 여기에 당신은 이렇게 답할 수 있다. "'정보를 얻는다'는 말은 무서운 표현이야. 나는 '정보를 얻고' 싶지 않아. 대신 반대로, 나는 이해하고 싶어. 누군가 정보를 얻으면, 사실을 축적하게 되지. 한편 이해를 하면 맥락, 원인과 효과, 반작용, 그리고 모든 관련 사실들의 역학 관계를 파악하게 되지. 정보를 얻는 건 단지 돌무덤을 쌓는 것과 같아. 더 많은 정보를 얻을수록 그의 돌무덤은 커지겠지. 그러나 그 돌무덤은 그저 쓸모없는 하나의 돌무덤으로 머물 뿐이야. 반면 이해하는 사람은 이 돌무덤을 가지고 다리나 집을 세우지. 여기에서 중요한 건, 이해하는 자는 대부분의 돌을 돌무더기에 그냥 내버려 둬. 왜냐하면 다들 쓸모가 없으니까."

5부

뉴스를 끊는 구체적인 방법

- 뉴스 하나 없이 산다면, 평소 나는 무엇을 읽을까? 바로 책이다. 여기에 더해 이따금 양질의 전문지에 실린 장문의 기사를 읽기도 한다. 기사는 길수록 더 좋다. 나는 주로 〈포린 어페어스〉와 〈MIT 테크놀로지 리뷰〉, 그리고 〈사이언스〉나 〈네이처〉 같은 과학 학술지와 〈이코노미스트〉의 과학 부록을 챙겨 읽으며 때때로 신문의 문예란을 찾아 읽는다. 신문이든 잡지든 나는 한 분야의 전문가들이 직접 작성한 글을 선호한다. 안타깝게도 기자들 중에서 한 분야의 전문가를 찾아보기란 그리 쉽지 않다. 이건 그들의 잘못이 아니다. 가능한 한

많은 영역에서 될 수 있는 한 많은 콘텐츠를 생산해내도록 기자들을 압박하는 언론사의 구조에 상당한 책임이 있다. 그건 그렇고, 책이든 기사든 무언가를 읽을 때 나에게 가장 중요한 한 가지가 있다. 즉 정보를 얻는 통로와 방식을 내가 직접 정한다는 것이다. 주제도 내가 정하고, 질문도 내가 정한다. 나는 관심이 가고 궁금한 주제가 있으면 이를 구체화하여 여기에 해당되는 답변, 해설, 분석, 그리고 연결 고리를 찾아 나선다. 나는 세상을 잘 이해하고 싶다. '세상이라는 기관실'을 할 수 있는 한 자세히 들여다보고 싶다. 그러려면 장문의 기사, 특집 기사, 다큐멘터리, 그리고 논픽션 서적 등이 가장 적합하다. 이해에는 시간이 든다.

한 달간 뉴스 끊기

- "마이크로소프트의 공동 창업자이자 억만장자, 그리고 자선가인 빌 게이츠는 1년에 두 차례, 자신의 외딴 별장에서 이른바 '생각 주간'을 보내는 것으로 알려져 있다. 세상과 단절된 이 고독한 시간 동안 빌 게이츠는 수백여(문자 그대로!) 부의 신문, 잡지, 그리고 기업 보고서를 읽는다고 한다. 다이어트 오렌지 크러시를 들이켜며, 마이크로소프트사 직원들에게 자신의 전략과 비전에 대한 이메일을 보내며, 미래에 펼쳐질 기술을 곰곰이 생각하면서 혼자만의 시간을 보내는 것이다. 그중에서도 1995년에 보낸 생각 주간은, '인터넷 물결'이라는 제목으로 그가 회사 임직원들에게 보낸 이메일로 매우 유명하다. 생각 주간에서 영감을 얻은 빌 게이츠는 미래의 웹 서핑을 정확히 예측했고, 이를 바탕으로 인터넷 브라우저를 개발하기에 이르렀다. 그로 인해 마이크로소프트는 경쟁사였던 넷스케이프를 물리칠 수 있었다. 여기에서 우리는 무슨 교훈을 얻을 수 있을까? 지친 마음을 재충전하고 돌아와야 경쟁자보다 더욱 강해질 수 있다는 사실이다. 우리는 판에 박힌 일상에서 벗어날 필요가 있

다. 사무실에서 빠져나와 기분 전환을 해야 한다. 물론 우리 모두가 빌 게이츠처럼 호화롭게, '헬리콥터나 수상 비행기를 타고 고요한 해안가에 자리한 2층짜리 목재 오두막에서' 생각 주간을 보낼 수는 없다. 우리 중 누군가는 내야 할 카드 값이 있고, 부양할 자녀가 있으며, 또 누군가는 휴가 기간이 부족할 수도 있으니 말이다."(https://www.theladders.com/career-advice/how-to-take-a-think-week-or-day-like-bill-gates) 레베카 멀러, "빌 게이츠는 매년 두 주를 홀로 숲속에서 보낸다. 여기에 그 이유가 있다", 〈스라이브 글로벌Thrive Global〉, 2018. 7. 23. (https://www.thriveglobal.com/stories/bill-gates-think-week/)

- 뉴스를 끊어가는 3단계는 주식 투자와 비슷한 단계를 밟는다. 주식 투자에 빠져 있던 시절을 떠올리며, 나는 뉴스와 주식이 무척 가까운 영역에 있다고 생각했다. 다시 말해 주식에 빠지고 또 벗어나는 과정이 뉴스와 비슷하다는 것이다. 주식에 한참 열을 올릴 때 나는 매일, 때론 매 시간마다 아이폰 앱을 열어 주가를 살펴보았다. 물론 여기서 누군가는, 주식 시세와 전 세계 뉴스는 다르다고 반론을 던질지도 모른다. 주가는 뉴스보다 우리의 인생에 더욱 중요하며 우리와 관련성도 더 높다고 말이다. 본인이 힘들게 번 돈이 달린 문제이고 노후 대책을 좌우할 일이기 때문이다. 틀린 말은 아니다. 그럼에도 나는 문득 깨달았다. 나의 행동이 아슬아슬한 경계에 놓여 있다고, 그리고 무엇보다 쓸모없는 행동을 하고 있다고 말이다. 비전문적인 투자가로서 어차피 나는 단기간의 시장 동향에는 관심이 없었다. 주식을 하나 사고는 10년이고 20년이고 장기적 관점에서 바라볼 생각이었다. 그런데도 나는 그날의 주가가 1퍼센트 오르거나 내리는 일에 촉각을 곤두세웠다. 우리는 이득이 생길 때보다 손실이 발생할 때 배에 달하는 감정적 타격을 입는다. 행동경제학에선 이를 손실 회피loss aversion라 부른다. 즉 무언가를 잃을 때 느끼는 감정이 얻을

때보다 월등히 크다는 것이다. 주가는 단기간에 수차례 평균치를 오르내린다. 예를 들어 장이 시작되는 첫 단계에서는 오르다가 두 번째 단계에선 내려갈지도 모른다. 둘째 단계에서 우리의 상실감은 배가 된다. 그러므로 감정적 측면에서 보면 주식 투자의 순수 효과는 마이너스다. 이러한 사실이 분명해지자, 나는 주식 앱을 일주일에 딱 한 번만 열어야겠다고 마음먹었다. 거래소가 폐장한 다음인 금요일 오후에만 들여다보기로 한 것이다. 처음에는 손가락이 앱을 누르지 못하게 하기 위해 모든 의지력을 동원해야 했다. 그러나 두 달이 지나자 앱을 열려는 충동은 잠잠해졌고, 의지력을 끌어들일 필요도 없었다. 이제 주중에는 주가를 볼 생각조차 하지 않으며, 시장에 들어간 내 주식을 완전히 잊은 채로 살아가고 있다. 다른 말로 표현하면, (뉴스 끊기에서처럼) 두 번째 단계에 다다른 것이다. 세 번째 단계에 이르려면 증권 시세를 아예 쳐다보지도 않을뿐더러 반감을 가져야 한다. 아마도 나는 거기까지는 도달하지 못할 것 같다.

온건한 방식의 뉴스 끊기

- 뉴스를 천천히 줄이며 일간지나 전문지 중에서 하나를 선택하고자 한다면, 일간지의 토요판을 추천하고 싶다. 일간 신문의 일요판은 대개 평일판보다 얇기 때문에, 일요판보다는 토요판이 읽을거리가 풍부하다.
- 내가 극단적인 방법을 선호하는 이유는 양질의 매체들조차 뉴스에 오염되어 있기 때문이다. 내용이 충실한 장문의 기사를 주로 싣는 양질의 신문일지라도 진주 같은 좋은 기사들은 알맹이 없는 뉴스의 꽃가루에 둘러싸인 경우가 많다. 그래서 나는 '순수주의' 입장을 취한다. 나는 오염된 수원에서 나온 물을 마시고 싶지 않다. 라디오든 텔레비전 프로그램이든 마찬가지다. 물론 내용이 알차고 훌륭한 프로그램들은 분명히 있다. 하지만 그런 프로그램을 찾

아 듣고 보는 도중에 30분에서 한 시간 동안 이어지는 뉴스로 인해 프로그램이 중단되면 집중에 방해가 된다. 비유하면 이런 식이다. 당신이 산책을 한다고 생각해보자. 두 갈래의 산책길 가운데, 이쪽 방향으로 걸으면 날씨가 변함없이 맑고 화창하다. 다른 방향을 향해 걸으면 대부분은 맑지만, 매 시간마다 한 번씩 회오리바람이 분다. 당신은 어느 쪽으로 접어들겠는가?

- 나는 왜 극단적인 노선에 발을 들인 걸까? 굳이 극단적으로 거부하지 않고도 뉴스 소비를 스스로 제한할 수 있지 않을까? 그렇지만 이는 마치, '헤로인을 적당히 제한하며 복용할 수 있지 않을까?'라고 말하는 것과 같다. 그럼에도 불구하고 뉴스 끊기는 여전히 많은 사람들에게 '근본주의적'으로 들린다.

뉴스 없이 풍요로운 일상을 만드는 법

- 두 개의 발표는 주로 건설적인 방식으로 진행되어야 한다. 가능하다면 부정적인 의견 대신, 지금의 부정적 상황을 타개할 수 있는 해결책이나 개선안을 제안하는 쪽으로 가야 한다. 이는 부정 편향을 상쇄하는 기능을 한다. (부정적인 뉴스는 더 많이 팔리고, 그로 인해 부정적인 뉴스는 더 잦아진다.) 이처럼 긍정적인 사건, 해결책, 개선안 등을 다루는 보도를 일컬어 건설적 저널리즘 또는 해법 저널리즘이라 한다. 해법 저널리즘에 대한 보다 구체적인 내용은 조디 잭슨의 저서에서 확인할 수 있다. 조디 잭슨, 《당신이 읽는 것이 곧 당신이다》, 언바운드, 2019.

- 나심 탈레브에 대한 이야기를 조금 덧붙일까 한다. 어린 시절부터 나는 '뉴스 서커스'에서 어딘가 수상쩍은 낌새를 느꼈다. 하지만 당시에는 그 원인을 파헤칠 만한 '사고 도구'를 지니지 못했다. 그 결과 나는 '타락'의 길로 접어들었다. 대다수의 사람들처럼 작업실 컴퓨터 앞에서 또는 주머니 속 스마트폰으로 뉴스를 보고 또 보며 뉴스 중독자가 되었다. 뉴스 중독에서 벗어나야겠다고 처음으로 깨달은 이후, 나는 한 걸음 한 걸음 서서히 변화하게 되었다. 2010년 어느 날, 나는 스스로에게 이렇게 말했다. "극단적인 방법으로 뉴스를 끊어보자. 그런다고 죽지 않아. 그러다가 언제든 다시 예전의 일상으로 돌아오면 되니까." 나는 뉴스 산업으로 인한 내면의 불안, 불쾌한 기분, 그리고 장문의 글을 피로감 없이 읽는 능력의 상실로 인해 과감하게 첫 발걸음을 옮겼다. 이뿐만 아니라 나는 어느 날 문득, 뉴스가 나의 인생과 크게 관련이 없다는 사실을 깨닫게 되었다. 이 깨달음의 뒤에는 나심 탈레브가 있었다. 그와의 대화를 통해 나는 뉴스 소비가 우리의 인지 능력을 방해하고 그로 인해 잘못된 결정을 내릴 수 있다는, 아주 중요한 논거를 접했다. 이 책에 소개된 많은 논거가 탈레브와의 대화에서 비롯되었다.

옮긴이 **장윤경**

숙명여자대학교에서 정치외교학과와 독어독문학과를 전공하였다. 졸업 후, 독일로 건너가 프랑크푸르트 대학교와 다름슈타트 대학교에서 공동으로 국제관계 석사학위를 취득했다. 현재 출판번역 에이전시 베네트랜스에서 전문번역가로도 활동하고 있다. 옮긴 책으로는 《동물 안의 인간》, 《No! 백번 말해도 No!》, 《거대한 후퇴》, 《세상에서 가장 기발한 우연학 입문》이 있다.

뉴스 다이어트

초판 1쇄 발행 2020년 1월 13일
초판 3쇄 발행 2023년 7월 24일

지은이 롤프 도벨리
옮긴이 장윤경

발행인 이재진 본부장 신동해 편집장 조한나 디자인 석운디자인
마케팅 최혜진 이은미 홍보 반여진 허지호 정지연 국제업무 김은정 제작 정석훈

주소 경기도 파주시 회동길 20
문의전화 031-956-7208(편집) 02-3670-1123(마케팅)
홈페이지 www.wjbooks.co.kr
인스타그램 www.instagram.com/woongjin_readers
페이스북 https://www.facebook.com/woongjinreaders
블로그 blog.naver.com/wj_booking

발행처 ㈜웅진씽크빅 브랜드 갤리온

출판신고 1980년 3월 29일 제406-2007-000046호

ISBN 978-89-01-23914-9 (03300)

• 갤리온은 ㈜웅진씽크빅 단행본사업본부의 브랜드입니다.
• 책값은 뒤표지에 있습니다.
• 잘못된 책은 구입하신 곳에서 바꾸어 드립니다.